똥 꿈 꾸기

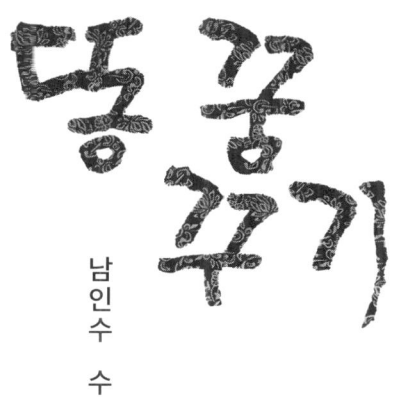

땅 꿈 꾸기

남인수 수필집

그루

작가의 말

  반세기 전에는 학교에서 수필은 '붓 가는 대로 쓰는 것'이라 배웠습니다. 불과 8년 전입니다. 짧지 않은 인생을 살면서 마음에 두고 있었던 건 마무리해야겠다는 마음이 섰습니다. 결코 짧다고 할 수 없는 지난 세월 동안 크고 작은 많은 일들을 맞이하고 또 보냈습니다. 그 중에는 아름답고 보람된 일도 있었지만 암흑과도 같은 어둠도 있었습니다. 그 기쁨과 슬픔, 행복과 고통의 순간들을 글 창고에 차곡차곡 담아 놓았습니다. 이 모두를 엮어 책을 한 번 내고 싶었습니다. 창고를 뒤져 젊었을 때부터 긁적거려 놓은 어줍잖은 글들을 끄집어내고 엮어 '씨줄과 날줄의 추억'이란 표지 아래 수필집을 냈습니다. 글이 책으로 변해 내 손에 들어온 순간 이건 아니다 싶었습니다. 후회가 물밀 듯 밀려왔습니다. 요즘은 수필도 형식이 있었습니다. 너무 늦게 시작한 터여서 7년여 시간 동안 배움의 시간을 가졌으나 흘려 보낸 세월은 녹록지 못했습니다. 재빠르게 움직이던 몸은 느릿느릿해지고 뭐든 보면 익혀지던 머리는 녹이 슬어 삐걱거리기만 할 뿐 아니라, 나도 모르는 사이에 들어와도 붙잡아 두지 못하는 나이가 되었습니다. 수필도 배우고 쓰는 시기를 놓치면 안 되는 인생과도 같은 모양입니다. 비록 2권도 살아온 나날의 편린들에 불과할지라도 모아서 엮어 보았습니다. 부질없는 짓이 아닌지 수십 번도 더 물음표를 되뇌었습니다. 쓰면서 오래전 막살기로 작정하고 시작도 없이 내 인생을 포기했던 과거를 생각합니다. 그때를 회상하며 내 삶에 과연 내가 할 수 있는 일이 무엇이 있을지를 떠올려 봅니다. 이 글의 소재 역시 대부분이 살아온 생활 반경과 경험에 따른 것입니다. 비록 문학성은 없을지라도 진솔한 세상살이를 표현하고 싶었습니다. 읽어 보니 첫 번째보다는 나았으나 이 또한 경험담에 지나지 않는 잡문에 불과하지 않을까 하는 걱정과 염려가 앞섭니다. 너무 늦게 시작한 것에 안타까움을 더해 봅니다. 이 철벽같이 굳어진 머리를 채워 주느라 노고가 많으신 곽흥렬 선생님께 먼저 감사의 말씀을 전합니다. 이 책을 읽으실 독자 여러분들의 따끔한 격려의 말씀을 기다립니다.

2024년 유난히 더웠던 여름을 보내며
南 仁 樹

차례

작가의 말   04

1부 가족

까막눈	11
단골	17
똥 꿈 꾸기	23
빚	28
신의 설계	34
아무래도	40
알고는 못 자는 자리	46
이혼 연습	51
지금 그거 해서 뭐할 건데?	56
풀지 못할 매듭	63

2부 근심. 이웃. 일

가슴앓이	71
그 여자 쥐이기	75

뜻밖의 레이스 80
명의 87
비빌 언덕 93
아픈 손가락 99
옹이 105
인생의 셈 111
잘산 사람 117

3부 세상살이

눈물 값 125
아물지 않는 상처 130
웃고 살아도 될까 136
이름 바꾸기 143
이웃사촌 149
인연인 줄 알았던 인연은 인연이 아니었다 155
조물주 위에 건물주라더니 153
천성 159
하고재비 176
홀림[詐欺] 133

4부
바다. 낚시. 여행 그리고 나눔

갈치 낚시의 재미	191
갈치 꿈	200
그날 밤 그 섬	207
맛을 기다린다	213
메아리	217
상사어相思魚	222
우리 집 냉장고엔 복어가 있다	228
융프라우 기행	233
정情	240

발문
의미에다 재미의 옷을 입힌
예술적 미감의 당의정糖衣錠 / 곽흥렬   244

1
가족

낮잠을 자던 아이가 방그레 웃는다.
숨바꼭질하는 꿈이라도 꾸는 것일까. 천사 같은 모습을 보며
매일 기도 제목이 늘어가도 혼자 빙그레 미소를 짓는다.

까막눈

 몇 해만인지 도른다. 묘를 모두 파서 화장하고 난 뒤부터 찾지 못했던 선산이다. 그동안 몇 번의 추석이 지나도록 가 볼 생각이 들지 않았다. 날이 밝기 바쁘게 소주 몇 병과 사과와 배 몇 개를 챙겨 길을 나섰다.

 돌아가실 걸 아셨나 보다. 전화로 좀 보자는 연락을 받고 무슨 일이 있는가 싶어 한달음에 본가로 달려갔다. 손자가 미국에서 돌아오지 않을 거라는 느낌이 들었는지 유언처럼 말씀하셨다. 당신이 죽으면 선산의 모든 묘를 다 파서 화장해 뿌리라는 얘기였다.

 올해는 등 떠밀려 한 일까지 유난히 어렵고 힘들었다. 그럴수록 어머니라면 어떻게 했을까를 생각하며 잠 못 이룬 날이 많았다. 잠결에 어렴풋이 어린 내 머릴 쓰다듬으며 하신 어머니의 말씀이 아직도 생생하다.

'너 아니었으면 네 아버지와 살지 않았다.'

영문도 몰랐지만, 자식에게 섭섭한 마음을 토로하시는 어머니를 다독거려 드릴 나이도 아니었다. 그저 어머니가 어디로 가버릴까 봐 조바심이 들었다.

어머니는 글을 배우지 못했다. 외할아버지가 여자는 공부해 봐야 아무 소용이 없다며 학교를 보내지 않은 까닭이다. 불편할 법도 한데 내가 보기엔 전혀 개의치 않았던 것 같다. 오히려 배운 사람보다 더 슬기롭게 사신 게 아닐까.

어머니가 글을 모른다는 걸 안 건 중학교에 진학한 첫 방학 때였다. 한 학기를 마치고 통지표를 받은 날이었다. 성적을 서슴없이 내보이기엔 무서운 아버지보다는 어머니가 편한 마음이 들었다. 어머니는 아버지에게 보여주라는 말만 하고 내 눈길을 피했다.

내가 중학생이 되자 어머니는 일주일에 삼백 원씩 용돈을 꼬박꼬박 챙겨주셨다. 버스 차비가 십 원도 안 하던 어려운 시절이었다. 생전 처음 큰돈을 용돈으로 받아 놓고는 한동안 어쩔 줄을 몰랐다. 친구들과 뻔질나게 학교 구내매점을 들락거렸다. 용돈을 받으면 며칠 되지 않아 받기 전으로 형편이 돌아갔다.

어머니가 글을 모른다는 사실을 알고부터였다. 공납금 고지서가 나온 날은 영수증을 보여주며 천이백 원이던 공납금을 이천 원 나왔다며 거짓말을 하고 타갔다. 학교에 내고 남은 돈은 또 신나게 쓰고 다녔다. 점점 든 만드는 요령이 늘어갔다.

그 당시 우리 집 공장에는 시골서 올라와 기숙하는 아가씨들이 스무 명도 넘었다. 그중에는 자신이 벌어 시골의 동생들을 공부시키는 아가씨가 태반이었다. 초등학교 문턱도 밟지 못하고 돈 벌러 도시로 나온 터라, 글을 몰랐다. 동생들이 부모를 대신해 깨알같이 써 보낸 편지를 갖고 와 읽어 달라는 부탁을 받고서야 그 형편을 알았다.

고등학교에 진학한 후였다. 그때는 아가씨들이 월급을 받으면 전신환으로 바꿔 등기우편으로 보냈다. 시골에서는 그걸 다시 우체국으로 가 현금을 찾아 썼다. 그 일도 글을 모르는 아가씨들을 데리고 우체국으로 같이 가서 내가 다 해주었다. 얼마나 답답했을지 가슴이 찡하도록 아팠다. 말은 안 해도 어머니 역시 같은 마음이 아니었을까.

어머니는 일주일에 한 컨씩 국 끓일 소고기 사 오는 일을 내게 맡겼다. 네 근을 끊어 오라고 시키면 세 근 반만 사 왔다. 고기가 반 근이 비면 부피가 달라진다는 걸 누구라도 알 수 있을 텐데 나만 모르고 있었다. 지나고 보니 어머니는 알고도 모른 척하신 것 같다.

어머니는 글을 모르니 은행이 지척에 있었어도 통장 하나 못 만드신 모양이다. 그때는 나일론 양말이 불티나게 팔리던 시절이라 만들기 바쁘게 장사꾼들이 돈뭉치를 들고 와서 사 갔다. 그 돈을 어머니는 이불 속이나 찬장 깊은 곳, 또는 장롱 서랍과 옷장 속의 철 지난 옷 주머니 속에도 넣어두었다. 집을 살 때도 현금을 신문지에 말아 장바구니에 담아 들고 가고, 실값도 들어오면 그 즉시 현금으로 지급하였다.

하루는 어머니가 모를 것으로 생각하고 돈뭉치 한 곳에서 오백 원 지폐 한 장을 몰래 꺼냈다. 친구들과 만홧가게에서 라면을 시켜 먹으며 종일 시간을 보내다 들어왔다. 집안 분위기가 사뭇 다듬잇돌처럼 무거웠다. 범인은 난데 애꿎은 둘째부터 막내까지 두 손을 들고 꿇어앉아 울고 있었다. 자수할 수밖에 없었다. 그 많은 돈뭉치 중에서 한 장을 뺀 걸 어떻게 알았는지 지금도 궁금하다.

아내의 눈길을 피해 비상금을 숨겨 놓느라 머리깨나 쓴 적이 있다. 숨겨 놓을 곳이라야 고작 서재에 꽂혀 있는 책갈피 속이었다. 한두 달만 지나면 어느 책에 얼마를 숨겨 놓았는지 기억이 나지 않는 일이 다반사인데 어머니는 그걸 다 기억하고 계셨던 걸 보면 특별한 방법이 있었던 모양이다. '동생들에게 모범을 보이지는 못할망정 잘하는 짓이다.'란 책망과 함께 들으란 듯

"석 달 간 용돈 없다."

그날 이후로는 두 번 다시 그러지 않기로 마음을 고쳐 잡았다.

결혼하고도 독립을 못해 부모님과 한집에 살 때였다. 퇴근해 들어오는 나를 붙들고 방으로 들어간 아내가 귓속말로 얘기했다. 집안에 웬 돈이 이렇게 많은지 모르겠다며 속삭였다. 뒤이어 누가 한 뭉치 빼가도 모르겠다고 하길래 한마디 해 줬다.

"한 장이라도 뺐다가는 이 집안 어딘가에서 비상벨이 울리게 될걸."

아내는 어머니가 돌아가신 지금도 그걸 어떻게 다 아는지 궁금해 한다.

점심시간에는 도시락 검사가 있었다. 학교에서 돌아온 내가 도시락통을 내놓으며 작은 소리로 중얼거렸다. 쌀밥만 싸 왔다고 선생님께 혼난 얘기였다. 다음날 검사를 받으려고 도시락 뚜껑을 여니 온통 보리밥이었다. 만면에 웃음을 띤 흡족한 얼굴로 검사를 마친 선생님이 나가시고 난 다음이었다. 젓가락으로 밥을 떴더니 웬걸, 한 꺼풀만 보리밥이지 밑에는 온통 쌀밥이었다. 더구나 덤으로 계란프라이까지 깔렸다. 그렇게 지나가는 말까지 알아듣고 챙겨주신 건 누가 가르쳐 주거나 익혀서가 아닐 것이다. 삶이란 배우지 않고도 지혜가 생기는 모양이다.

학교에 다니지 않고도 그 큰살림 잘 이루고 사신 어머니, 자식들 힘들지 않도록 누구보다 현명하게 뒷바라지를 다 해주신 어머니,

공장에 일하는 아가씨들이 못 알아듣거나 한눈을 팔아도 큰소리 한번 내지 않으신 어머니, 자식의 잘못을 알고도 덮어주고 눈감아주어 스스로 깨닫게 하여준 어머니는 결코 까막눈이 아니었다.

배울 만큼 배워 놓고도 어머니보다 더한 까막눈은 바로 나였음을 귀신을 보고도 놀라지 않는 나이가 되어서야 깨닫는다.

단골

온 나라가 난리다. 본의 아니게 가택연금이나 다름없는 신세가 되었다. 사무실보다 집에 있는 시간이 많아졌다. 끼니도 때울 때가 있고 거르기도 한다. TV와는 담을 쌓고 살았는데 숫제 끼고 산다. 우한 폐렴인지 코로나바이러스 덕분인지 신체리듬도 깨진 지 오래다. 괜스러 이마도 짚어지고 수시로 열도 재 본다. 우리 집에 손님이 오는 것도 꺼려지는데 하물며 가기도 겁난다. 단골 음식점에 전화를 넣었다. 여주인의 울먹이는 목소리가 늘어진다. 언제라도 영업하게 되면 연락을 주겠다며 끊는다. 이제 내 머리는 양성반응이 뜬 것 같은 느낌이 든다.

병이 나기 일초 직전이었다. 마침 오랜 기간 단골로 이용하는 배의 선장이 전화를 걸어왔다. 집에 있기 괴롭겠다며 오징어라도 잡으러 가겠는지 의견을 묻는다. 꾼이 낚시 가자는 걸 어찌 마다하겠는가. 아내에게 기분도 전환할 겸 식탁도 푸짐할 거라고 너스레를 떨었다. 내가 요리해 주는 걸로 승낙을 얻었다. 다 그렇지만 오징어 낚시도 여간 힘든 게 아니다. 흔들거리는 배에서 조상기로 밤새도록 풀고 감기를 반복해야 한다.

출항하고 보니 일기예보와는 다르게 바람이 아직 죽지 않았다. 파도도 시퍼렇게 살아 있었다. 불안한 마음이 들었다. 팔이 아프도록 돌렸음에도 여덟 마리밖에 못 잡았다. 사 먹지 고생만 했다며 아내에게 꾸중을 들었다.

이튿날 또 전화벨이 울렸다. 선장이었다. 대구에 들를 일이 있어 오는 길에 오징어를 좀 갖다 주겠다는 얘기였다. 못 잡고 보낸 게 마음에 걸렸나 보다. 그럴 수도 있으니 마음 쓰지 말래도 막무가내였다. 사무실 앞까지 와서 두 상자나 내려준다.

"단골한테 이 정도는 해 줘야지요."

무뚝뚝하기 그지없는 사람이 한마디 툭 던지고 간다.

어린 시절 우리 집은 부모님이 양말 공장을 운영하셨다. 덕분에 어려운 시절이었어도 그리 궁핍하지는 않았다. 나는 종손이라 식사 때면 꼭 할아버지와 겸상을 받았다. 밥상에는 동생들에겐 없는 반찬이 두세 가지 더 있었다. 김이나 갈치구이 혹은 계란찜이었다.

먹다 보면 동생들이 눈에 밟혔다. 자주 반찬 접시를 슬며시 밀어주곤 했다. 그러다 보니 밥 먹을 때면 서로 내 동의를 구하기 바빴다.

"형! 내가 단골 맞지?"

아들이 초등학교에 입학할 즈음 자가용을 장만하게 되었다. 바람이라도 쐬러 가는 날은 내 차는 자리가 정해져 있었다. 운전석 옆자리는 항상 딸의 자리였다. 아내나 아들이 딱 한번만 앉아 보자고 해도 난리가 난다. 누굴 닮았는지 그리 모질 수가 없다. 아들 녀석도 왜 앉고 싶지 않았겠는가. 어느 날 집을 나서기 무섭게 뛰어와 자리잡고 앉았다. 눈을 찡긋거리는 걸 보니 편들어 달라는 신호였다. 뒤따라온 딸은 비키라고 앙탈을 부리며 고함을 질러댔다.

"왜에? 내가 단골인데'

비켜주지 않으면 타지 않을 심산이었다. 오빠니까 양보하라며 아들을 달랠 수밖에 없었다.

딸은 잠을 잘 때도 유별났다. 고등학교 2학년 두렵까지였나 보다. 아내와 나 사이로 들어와 내 팔은 베고 다리를 배 위에 올리곤 매미처럼 붙어 잤다. 가끔 잠이 깊이 들면 안아 들고 딸아이 방에 데려다 놓는다. 그런 날은 영락없이 한밤중에 베개를 끌어안고 안방 문을 벌컥 열어젖힌다. 자다가 깜짝 놀란 일이 한두 번이 아니다. 나보고는 절대 시비를 걸지 않는다.

"엄마가 갖다 눕혔지?"

"이제 다 컸는데 네 방에서 자야지. 가시나야!"

싸움을 말릴 방법은 한 가지뿐이다. 이불을 들치어 손짓을 하면 얼씨구나 하고 들어온다. 이불을 당겨 덮으며 아내에게 확실히 선을 긋는다.

"아빠 옆에는 내가 단골이다."

오징어는 팔십여 마리나 되었다. 두고 먹으려 해도 우리 집 냉장고는 들어가면 나오질 않는다. 글공부를 함께하는 분들과 나누기로 마음먹었다. 가끔 나눔을 핑계로 화합을 다지다 보니 여기도 단골이 있다. 만날 시간만 정하면 어김없이 담아갈 도구를 갖고 모인다. 눈치 볼 일도 없다. 마릿수만 불러주면 잽싸게 담아 들고 번개같이 사라진다. 이름하여 글밭야시장 단골이다. 나름 얼굴도 보고 나누는 재미가 쏠쏠하다.

군에 있을 때 서울 마포에서 자취를 한 적이 있다. 마당 가운데 수도가 있고 사방 열 개의 방이 있는 집이었다. 전부 여자만 자취하는 집이라 계약하기 전에 자취생들의 동의를 얻어야 했다. 군복 차림으로 방을 얻으러 간 나를 아무도 반대하지 않았다. 아침저녁 눈여겨봐도 아가씨들이 김치를 담가 먹는 걸 본 적이 없었다. 나는 생김치를 좋아해 주말마다 담가 먹었다. 버무리다 보면 어느새 구경하는 아가씨들로 둘러싸였다. 조금씩 맛을 보여주었더니 그것도 단골인 양 담글 때마다 온다. 매양 갓있다며 엄지를 한번 치켜 올려주곤 얻어간다. 꽃밭에서 놀기는 했어도 박봉에 부식값이 수월찮게 들었다.

　일하다 보면 성가신 단골도 있다. 사무실을 옮겨도 용케 찾아온다. 뭘 해도 되는 일이 없고 운도 따르지 않는 모양이다. 파산이나 회생으로 탕감을 해줘도 또 빚을 진다. 와도 그냥 오는 게 아니다. 단골이랍시고 수임료를 깎아 달라고 조른다. 가진 게 이것뿐이라며 주머니를 털어도 턱없이 모자란다. 그뿐이면 괜찮다. 갈 땐 차비까지 빌려 간다. 종잇값도 안 되지만, 단골 좋다는 게 뭔가. 정에 끌려 할인도 해즈고 받을 길 없는 외상도 해준다.

　가장 귀찮은 단골은 아내다. 아내는 요리 솜씨가 시원찮다. 아무리 좋은 재료를 써서 만들어도 선뜻 젓가락이 가지 않는다. 그러고도 빤히 쳐다보며 맛이 있는지 꼭 물어본다. 왜 그러는지는 아직도 모르겠다. 자포자기한 심정으로 내 손으로 만들어 먹기 시작한 게 화근이 되었다. 그나마 이것도 하기 싫은 날이 있다. 아내에게 외식하러 나가자고 얘기해 본다. 소파에 비스듬히 누운 채 눈웃음치며 한 수 더 뜬다.

　"밖에 나가 봐야 돈만 쓰지, 맛있는 게 없어. 특별 요리 한번 해 줘."
　"그래도 내가 당신이 만든 걸 제일 오래 먹어준 단골이잖아. 빨리해 봐."

딸내미에게 배웠는지 걸핏하면 단골 타령이다. 어이가 없다.

나이가 들면 오욕 중에 식욕만 남는다는 얘길 들었다. 어디 음식 솜씨 좋은 아줌마 하나 숨겨 놓고 싶다. 삶의 굽이마다 만난 인연들이 내 단골이었듯 나도 그 누구의 밥 단골이라도 되었으면 한다. 가끔 뒷짐지고 '단골 왔네.' 하고 들러 맛있는 밥 좀 먹고 오는 게 꿈이다. 다만, 맨날 궁리만 하지 아직 실천을 못하는 게 흠이다.

똥 꿈 꾸기

　모처럼 일찍 차려준 저녁을 먹고 신문을 뒤적이던 중이었다. 아내가 추석에 생긴 상품권으로 양복을 한 벌 사준다며 손을 잡아끌었다. 얼씨구나 얼른 채비하고 군소리 없이 따라나섰다.
　명절 끝이라 그런지 백화점은 한산하다. 춘추복 한 벌 사고 넥타이와 와이셔츠도 골랐다. 나온 김에 지하식품부에 가서 찬거리 좀 사자는 아내 뒤를 졸래졸래 따라간다. 뭐 눈엔 뭐만 보인다고 어물 코너에 진열된 갈치가 눈에 확 들어온다. 폭이 4지는 넘을 것 같고 5지까지는 모자란다. 가격표를 보니 팔만이천 원…! 헉! 소리가 절로 난다. 그걸 본 아내가 큰 갈치가 이렇게 많은데 왜 요즘 빈 아이스박스만 들고 오느냐며 타박을 한다. 할 말이 없다.

  결혼한 지 강산이 네 번도 더 바뀌었다. 생각하면 남의 집 외동딸 데려다 참 많이도 고생시킨 것 같다. 천직이라 여겼던 군 생활을 무턱대고 그만둔 일이나, 두 해 가까이 직업도 없이 사회에 적응을 하지 못하고 술독에 빠져 산 것은 지금 생각해도 부끄럽다. 내가 국가고시에 몇 번이나 낙방한 것도 며느리가 잘못 들어와 그렇다는 애먼 소릴 듣게 만들었다.

  뒤늦게야 어렵사리 딴 자격증으로 사무실을 냈다. 내가 잘나서 그런 줄 알고 마음고생시킨 건 잊고 있었다. 사무실엔 친구와 후배들이 들끓었다. 일이 잘 풀려 돈이 주체할 수 없을 만큼 들어왔다. 마음이 우쭐해졌다. 매일같이 먹고 마시며 어울려 다녔다. 월말이면 직원들의 급여를 주고도 많은 돈이 남았다. 친구나 후배가 어렵다고 하면 망설임 없이 도와주었다. 다만, 빌려간 돈을 갚을 사람 거의가 잠적하거나 연락을 끊었다.

  화가 나고 실망도 컸다. 사람에게 실망을 느꼈으면 집으로 눈을 돌려야 하는데 그러지 못했다. 그 무렵 퇴근길에 우연히 눈에 띈 낚시점을 들른 것이 삼십 년 넘도록 낚시를 한 계기가 되었다.

  어두운 새벽 무거운 낚시 장비를 들고 지고 선장이 비춰주는 한 줄기 서치라이트를 보며 갯바위를 기어올랐다. 고기가 나오는 곳이라면 깎아지른 절벽도 마다않고 오르내렸다. 이끼로 뒤덮인 미끄러운 테트라포드도 서슴없이 건너뛰었다. 갯바위의 살을 저미는 겨울 냉기와 40도가 넘는 여름의 뜨거운 열기도 낚시를 멈출 이유가 되지 못했다. 밤새 서서 파도를 맞아도 잡히지 않는 고기를 원망하지는 않는다. 그저 물때가 맞지 않거나 수온 탓이라고 단정해 버린다. 마음 넓기가 바다다.

"이쯤에서 그만 가정으로 돌아오시지?"

이제 나이가 들어 갯바위 낚시가 힘들다는 얘기를 꺼내자 아내가 한 말이다. 그러고 싶었다. 마지막 낚시라며 갔던 매물도에서 낚시 어종 전환기를 맞게 될 줄은 꿈에도 몰랐다. 낚시 다닌 이래 처음으로 감성돔 채비에 갈치가 물었다. 세 마리를 잡아 찌개를 끓였다. 얼마나 맛이 있던지 낚시 친구 넷이 코펠 바닥이 드러나도록 긁어먹었다. 돌아오자마자 갈치 낚싯배를 수소문하여 그 길로 갈치 낚시꾼이 되었다.

아내는 허탈한 웃음을 짓더니 그나마 하룻밤만 하고 오는 걸 위안으로 삼는다. 나 역시 며칠씩 야영하고 올 때 풍기던 지독한 크릴 냄새가 나지 않아 좋다. 또 갈치는 싫어하는 사람이 없어 나눔의 보람도 크다. 백화점의 비싼 갈치보다 한결 싱싱한 걸 쟁여두고 먹는 재미가 가장 쏠쏠하다. 견디지 못할 정도는 아니지만, 힘든 경우도 있다. 예보와는 달리 강풍이 불고 너울 파도가 배 위로 넘어오는 날은 엎어지고 넘어져 온몸에 멍이 들기도 한다.

암만 좋아도 월급 받고 하는 일이었다면 벌써 도망쳤을 것이다. 아내는 묻는다.

"뭘 하든지 끝을 봐야 직성이 풀려요?"

이런 아내를 두고 미안함을 느끼며 가는 낚시는 그렇게 마음 편한 취미는 아니다. 낚시를 그만두겠다는 소리는 술잔을 앞에 두고 술을 끊겠다는 알코올 중독자의 헛된 맹세나 매한가지가 아닐까.

갈치가 쏟아진 해가 있었다. 그해 그간 써 모은 수필을 책으로 묶으려고 아내에게 출간에 필요한 돈을 달랬다가 책값은 고사하고 야단만 맞았다. 낚시꾼은 잡은 고기를 팔지 않는다. 책 한 번 내고 싶었다. 눈 딱 감고 다섯 번 갈치를 팔았다. 원했던 수필집을 냈다. 책이 집에 오던 날 아내의 표정이 심상찮았다. 그날 그 옛날 생활비가 없어 아내가 결혼반지를 팔았다는 얘기를 들었다.

아내는 처음부터 어머니 마음에 들지 않았다. 분가 얘기를 꺼냈을 때도 아내가 시킨 걸로 생각하신 것 같았다. 내게 집을 사줘도 될 정도로 여유가 있었다. 백수인 아들에게 갓난아이까지 딸렸는데도 단칸 월셋방에 생활비 한 푼 없이 쫓아내듯 했다. 여태 반지를 팔았단 얘기는 듣지 못했다. 책 낼 돈으로 반지나 해주길 바랐던 아내는 못내 섭섭했던 모양이었다.

사십 년이 다 된 시절을 이제야 되새김해 본다. 마음이 아릿하게 저려 온다. 지난 일이어도 미안한 생각이 든다. 요즘 왜 이리 눈물이 많아졌을까. 젖은 눈을 들키지 않으려고 고개를 돌리며 맘에 없는 소리 한마디 던진다.

"끝까지 얘기하지 말지, 왜 이제 와서 속을 뒤집어 놓노."

서재방 깊숙한 곳, 책 뒤에 넣어 둔 비상금을 꺼냈다. 수필집 한 권은 겁도 없이 냈지만, 두 번째 책은 공부 열심히 해서 제대로 내 볼까 싶어 아내 모르게 숨겨 놓은 돈이다. 영문 모르는 아내를 데리고 교동 아는 분의 금은방을 찾았다. 예전 반지보다 갑절이나 큰 다이아몬드로 갖춰주었다. 아내의 눈이 웃고 있었다. 마음이 홀가분하다. 납작만두 한 접시 얻어먹었다.

이제 책을 내려면 빈 비상금을 채워야 한다. 한데 그날로부터 올해 들어까지 갈치가 제대로 잡히지 않는다. 매년 스무 번도 더 갔는데 아이스박스 깔판조차 가리지 못하고 왔다. 비상금 만들러 갔다가 주머니에 남은 잔돈까지 다 날렸다. 아무래도 갈치 잡아 비상금 만들기는 틀린 것 같다.

'벼슬은 썩은 냄새라 꿈에 관棺을 본 자는 벼슬을 얻고, 재물은 썩은 흙이라 꿈에 똥을 본 자는 재물을 얻는다.'

조선 중기의 문신인 강흔姜俒이 벗 권제權霽의 청몽당淸夢堂에 놀러 갔다가 그에게 들었다는 중국의 『세설신어世說新語』에 나오는 말이다. 오늘 밤은 똥 꿈이라도 꾸었으면 하는 마음이다.

빛

 눈 뜨는 게 고통으로 다가왔다. 두 묶음이나 되던 이력서도 동이 났다. 군 경력은 직업을 구하는 데 도움이 되지 않았다. 아침마다 남의 눈에 띌세라 발걸음을 죽이며 골목을 빠져나간다.
 종일 뚜벅이였던 다리는 어둠이 내려앉을 즈음 술에 발목을 잡힌다. 정신을 빼앗기고 있다가도 퍼뜩 집 생각이 난다. 곧 쓰러질 듯 갈지자걸음으로 동네를 들어선다. 술고래도 이런 고주망태가 없다. 종일 걷다 보니 드러눕는 곳이 곧 내 방이다. 남의 집 철조망은 옷걸이였고 전봇대는 화장실이었다. 골목 입구 만화방 주인이 애들에게 눈깔사탕 하나 집어주고 시킨다.
 "양말공장 집 큰아들 누구네 담벼락 앞에 잠들었다고 알려줘라."

외할머니는 딸만 셋을 보았다. 한집에 같이 산 기마경찰이던 큰사위는 술주정이 도를 넘었다. 얼마나 한이 맺혔으면 둘째 딸은 술 안 먹는 사람이면 무조건 주겠다고 선언하셨을까. 딸의 의견은 물어보지도 않았다. 우리 할머니에게 뒷돈을 받은 중매쟁이 덕에 아버지가 둘째 사위로 낙점을 받았다.

아버지는 어느 것 하나 내세울 게 없었다. 체격도 왜소해 총을 메면 땅에 끌려 군에도 가지 못한 데다 인물도 변변찮았다. 요즘 같으면 언감생심 결혼은 꿈도 꾸지 못할 정도였다. 어릴 때 친가 쪽 친척들에게 자주 들은 말이 있다.

"외탁해라"

어머닌들 좋아하던 목련의 꽃말처럼 우아하고 고귀하게 피고 싶지 않았을까. 열여덟에 아버지 얼굴 한 번 못 보고 시집을 오셨다. 지지리도 가난한 집을 일으킨 것도 어머니였다. 내 기억에 단 한 번이라도 편히 쉬는 걸 본 적이 없다. 웃는 모습을 본 기억도 몇 번인지 손꼽을 정도다. 꼭 필요한 말씀 외에는 하지 않아 차갑고 무서웠다.

학교를 다녀온 후 그날따라 피곤했던지 설핏 잠이 든 날이었다. 잠결에 어머니의 손길이 느껴졌다. 내 등을 쓸며 하시는 말씀이 자세히 들리지는 않았다. 눈물 한 방울이 내 얼굴에 떨어짐을 느꼈다. 일어나서는 안 될 것 같은 느낌이 들어 그대로 있었다. 들지 못한 그 말씀과 눈물이 한 살 두 살 나이를 먹어 귀밑머리에 서리가 내려앉기까지 내게는 빚이 되었다.

부모와 자식 간에 무슨 빚이 될까 싶기도 하지만, 절차탁마切磋琢磨해야겠다는 결심이 섰다. 하지만, 학문이 어려운 걸 진작 깨달았다. 차선책인 군인이 되기로 마음을 먹었다. 직업군인도 쉬운 건 아니었다. 훈련과정부터 강인한 인내와 끈기 없이는 견디기 힘들었다. 나 자신이 택한 결정이었어도 어머니를 위한 길이라 여겼기에 참아낼 수 있었다. 임관 후 4년여 동안 두 곳의 임지 근무를 잘 마쳤다. 장기복무 신청이 통과되고 전속 명령을 받았다.

군인으로서는 최고의 근무지였다. 동기들로부터 많은 축하와 부러움을 받았다. 우리 동기 중에 별을 달 친구는 나뿐이란 얘기까지 나왔다. 아주 튼튼한 동아줄을 잡았다고 모두 부러워했다. 무엇보다 어머니가 마음에 드신 모양이었다. 집에 간 날은 빛이 나도록 모자에 붙은 계급장을 닦으신다. 표정만 봐도 우쭐해지고 흐뭇한 마음이 들었다.

그다음 해였다. 나라에 큰 사건이 터졌다. 정국은 혼란으로 소용돌이쳤다. 상당한 요직에 있던 사람들이 구속되었다는 소식이 들렸다. 나는 직책상 다른 부대원보다 한 시간 일찍 출근한다. 그날은 왠지 모르게 다른 날과는 느낌이 달랐다. 네거리마다 군사

경찰들이 서 있었다. 완전군장을 한 공수특전단이 트럭을 타고 줄지어 지나갔다. 어디선가 총소리도 들렸다. 부대에 도착해 권총과 실탄을 받아 차고 운전병과 나섰다. 불안한 가슴이 들었다. 그날 업무를 마치고 부대로 돌아오던 내 마음이 어지러웠다.

다음 날이었다. 부대장의 권유에 따라 간부들은 전원 사직서를 썼다. 회의실을 나서는 순간, 왜 남가일몽南柯一夢의 순우분이 떠올랐을까. 어린 시절 동그라미 안에서 놀다가 갑자기 바깥으로 떠밀린 기분이었다. 3개월 후 전역하라는 명령이 내려왔다. 가장 먼저 어머니 얼굴이 떠올랐다. 만삭인 아내도 보였다. 뭘 하고 살아야 하나. 머릿속이 온통 헝클어졌다. 내 군 운은 여기까지였다.

매일 술에 취해 길바닥에 쓰러져 자다가 동생들에게 업혀 오는 횟수가 잦아졌다. 동네에서는 아까운 사람 버렸다는 말이 떠돌았다. 군복을 벗었다는 소식을 들은 어머니는 말문을 닫으셨다. 걷잡을 수 없이 무너지는 나를 보며 어머니 마음도 천 갈래, 만 갈래 찢어졌으리라. 차돌같이 단단하다고 믿었는데 푸석돌같이 부서져 내렸다. 한 해가 지나도록 술독에 빠져 사는 아들이 어쩌면 어머니 자신의 존재가치였을지도 모른다.

아내와는 어머니의 반대로 결혼하기까지 우여곡절이 많았다. 그런 어머니의 화살이 아내에게 돌려졌다. 아내는 아내대로 애간장이 타서 시커멓게 변하고 있지 않았을까. 핏덩이 아들과 보내는 하루가 오죽 길었으랴. 정신없이 사는 나를 보는 아내 역시 그 옛날 어머니와 같은 마음이었을 것이다. 젓가락 같은 몸으로 그 서슬 퍼런 강다짐을 애면글면 받아내고 있었다.

강산이 두 번 바뀌도록 어머니 마음은 굳게 닫힌 채였다. 한사코 같이 살기를 거부하고 큰이모와 본가에 남아 계셨다. 어머니의 이모부에 대한 기억이 내 일을 못마땅하게 여긴 탓이었다. 그저 죄지은 놈 뒤치다꺼리나 하는 직업이라 생각하신 것 같다. 어머니를 이해시킬 생각을 하지 않았다. 평행선을 걸을 수밖에 없었다. 빚은 항상 마음속에 담겨 있는 채였다.

인생은 언제나 좋은 일만 있거나 나쁜 일만 있는 건 아닌 모양이다. 미국 유학을 마친 아들이 돌아왔다. 어머니 얼굴에 생기가 돌았다. 가장 기쁜 건 다시 말문을 여신 것이다. 표정도 눈에 띄게 밝아졌다. 그 옛날 군복을 입은 나를 보듯 손자를 바라보는 눈길이 부드럽고 그윽하다. 도란도란 무슨 얘기가 저리도 재미날까. 꼭 소꿉장난하고 노는 아이들 같다. 아들 바라기였다가 손자 바라기로 맘을 바꾸셨나 보다. 어머니가 날 쓰다듬었듯 아들의 아들이 내 어머니 등을 쓸어주고 있었다.

자연스럽게 아내를 향해 닫혔던 빗장도 풀렸다. 처음 보는 사람은 고부간인지 모녀간인지 모를 정도였다. 말싸움이라도 하면 언제나 아내 편을 들었다. 집안을 흐르던 음습한 기운이 안개가 흩어지듯 사라졌다. 내 평생의 빚을 내려놓기로 마음먹었다. 한결 가볍다.

  오늘은 유난히 어머니가 보고 싶다.

신의 설계

손자 녀석이 발버둥을 치며 비명을 질러댄다. 떨어질세라 품에 꼭 안고 다니는 애착 이불까지 팽개치며 앙탈을 부린다. 도저히 세례식을 진행할 수가 없다. 채 두 돌이 안 된 손자가 세례를 받는 날의 진풍경이다. 가끔 이런 상황이 벌어지기에 유아세례는 대부분 첫돌이 되기 전에 의식을 치른다. 코로나로 인해 이제야 뒤늦게 세례를 받으며 생긴 일이다.

　어린아이에게 예배당 분위기는 재미있을 턱이 없다. 더구나 목사님이 성수로 머리를 적시는 걸 고분고분 받아들일 태세가 아니다. 힘든 세례식이 될 것 같았다. 보다 못해 내가 나섰다. 제 아빠, 엄마가 감당하지 못한 아이가 내 품에 오더니 언제 그랬냐는 듯

고분고분해졌다. 그동안 아이와 함께 보낸 시간이 묘약이 되었나 보다. 덕분에 할아버지와 손자의 아름답고 감동적인 세례식이었다며 많은 분으로부터 축하받았다.

오십여 년 전, 그 시절엔 너 나 없이 대부분 어렵고 힘들게 살았다. 시골에서 초등학교를 졸업한 딸들은 돈을 벌러 도시로 나가는 일이 흔했다. 양말 공장을 하던 우리 집은 수십 명의 처자들이 교대로 주야를 바꿔 가며 일하고 있었다. 방 하나에 열 명 가까이 생활하다 보니 평일은 몰라도 근무 교대를 하느라 쉬는 일요일은 턱없이 비좁았다. 그날은 베개와 이부자리를 든 여공 예닐곱이 내 방으로 쳐들어오기 일쑤였다. 종손에 장남이라 집에서 가장 큰 방이 내 방이었던 까닭이다.

인연의 사전적 의미는 사람들 사이에 맺어지는 관계 또는 어떤 사물과 이어진 연줄이라 쓰여 있다. 한방에서 같이 잔 것도 인연이라면 보통 인연은 아닐 것이다. 부모님도 여자아이들이 휴일마다 떼거리로 내 방에 들어와 자는 걸 보고도 아무런 말씀을 하지 않으셨다. 나와 그 아이들과의 나이 차이는 불과 두서너 살이었지만 당신의 아들을 믿으셨는지는 알 수가 없는 일이다. 아마 내가 성에 조금만 일찍 눈을 떴더라면 그 아이 중 누구 하나와 월하노인月下老人의 붉은 끈으로 다리가 묶이는 불가분不可分의 관계가 되었을지도 모를 일이다.

신의 설계 35

고등학교 때 한 살 아래 옆집 여학생의 친구가 있었다. 가끔 같이 공부도 하고 군것질거리도 가져와 나누어 먹었다. 이성이라고는 하나 잘 모르던 순진한 시절이었다. 학교 다녀오는 골목길에서 날 기다렸는지 항상 마주친다. 시장 근처에서 방앗간을 크게 하는 집의 외동딸이었다. 군인은 싫다면서 고개를 흔들더니 훈련받던 보병학교까지 면회도 왔다. 훗날 이 친구가 결혼하자는 말을 꺼냈으면 했을지도 모르겠다. 시간이 흐르면서 누가 먼저랄 것도 없이 소식이 끊겼다. 인연이 아니었는지, 아니면 말 그대로 직업군인이 싫었는지 모를 일이었다. 한 번쯤 집으로 찾아가 볼까 하다 굳이 찾지는 않았다.

아내와 결혼할 마음을 먹고 집으로 인사하러 간 날, 공장 창문 틈으로 얼핏얼핏 내다보던 눈길이 전과는 달라 보였다. 서울로 돌아온 다음 날 어머니로부터 내가 다녀가고 둘이나 그만두었다는 소식을 들었다. 한 달에 한두 번 집에 다니러 오는 날엔 일하는 아이들과 영화도 보고 빵이나 자장면을 사주기도 했다. 이성으로 관심이 있어 그런 것은 아니고 어릴 적부터 봐 온 터라 동생 같아서였다. 나야 그런 마음에서 한 일이었지만 의도하지 않은 내 행동이 상처가 될 수도 있다는 사실을 뒤늦게 깨달았다. 그 아이 중 누군가는 어쩌면 나와 인연因緣을 넘어선 필연必然을 꿈꾸었을지도 모를 일이 아닌가.

아내와의 만남은 우연처럼 보이지만, 쉽게 설명할 수 없는 그 무엇이 고리가 되어 필연으로 연결되어진 것 같았다. 자취방을 얻어준 복덕방 할머니의 소개였다. 퇴근해서 군복 윗도리와 군화만 벗어두고 선보러 간 몰상식한 위인이 바로 나였다. 러닝셔츠와 슬리퍼 차림의 날 보고 오죽하면 할머니가 혀를 끌끌 찼을까. 그런 차림새였어도 반드시 만나게 될 인연이라면 맺어지고야 마는 모양이다.

저녁을 먹으러 마포대로를 건너던 중에 빨간불로 바뀌었다. 처음 본 날이다. 엉겁결에 손을 잡고 뛰었다. 그런 차림으로 간 나한테 무시당했다는 느낌이 들었을 법도 한데 뿌리치지 않은 손의 따뜻하고 촉촉한 느낌이 좋았다. '살아가는 동안 인연은 매일 일어나며 그것을 느낄 수 있는 육감을 지녀야 한다.'는 시 한 구절이 떠올랐다. 물 한 모금의 인연도 억지로는 안 된다는데, 그때의 인연이 강산이 네 번도 더 바뀐 지금까지 이어지고 있으니 분명 보이지 않는 끈이 우리를 묶어 둔 것은 아닌가 싶다.

아버지는 일찍 결혼하셔서 그런지, 아니면 공장일이 바빠서인지 여쭤 본 적은 없다. 과묵하신 데다 우릴 보는 눈길조차도 항상 데면데면해 자식에 대한 사랑이 없는 분으로 알았다. 대화를 나눈 기억이 있기나 한지 아스라한 마당에 언감생심 아버지와 농담이나 장난을 친다는 건 있을 수 없는 일이었다. 아버지와 같이 목욕탕 가는 친구들을 얼마나 부러워했는지 모른다.

　아들이 겨우 말문이 터질 때쯤으로 기억한다. 퇴근하는 길에 뜻밖의 광경을 목격하고 걸음을 멈췄다. 손자와 노느라 뒤에 내가 서 있는 것도 모르셨다. 신기하고도 신기했다. 그뿐이랴. 아들과는 한 번도 가지 않은 목욕을 손자는 꼭 대동하고 가신다. 아들도 할아버지를 그렇게 따를 수가 없었다. 훗날, 우연의 일치였는지 손자를 보고 싶은 마음이 텔레파시로 통했는지는 알 수가 없다. 편찮으시단 연락을 받고 미국에서 잠시 할아버지를 보러 온 아들이 며칠 후 혼자 임종까지 지켰다.

　아들도 가정을 이루었다. 별 탈 없이 살아도 마음대로 되지 않는 일이 있었다. 아기가 생기지 않아 일곱 해나 애태우다 의학의 힘까지 빌려 손자를 만났다. 내 팔뚝보다 작은 아이를 처음 만나던 날, 세상 그 무엇으로도 설명할 수 없는 신비로움이 밀물처럼 밀려들었다. 몇 해 전만 해도 만날 수 있을지 가늠도 되지 않았다. 이 아이가 어떤 여정을 거쳐 어떤 인연으로 엮어져 내게 왔을까.

　정작 내 아들은 어떻게 키웠는지 기억도 잘 나지 않는다. 지금도 아비가 된 아들과는 이해충돌이나 마음 상하는 일이 가끔 있다. 그와 달리 말도 못 하는 손자와는 의사소통이 되고 합의도 수월하다. 쉴 새 없이 뭔가 해 달라고 손을 잡아끄는 손자에겐 끌려가면서도 즐겁다. 숨바꼭질하자며 눈 감겨 놓고 뒤꿈치 들어 자박자박 숨는 발걸음 소리가 내 마음을 따뜻하게 데운다. 집에 오려고 돌아서는 발걸음을 묶어버리는 묘한 재주가 있는 녀석이다. '텔레파시할까.' 말이 떨어지기 무섭게 엎어질 듯 달려와 내 이마에 제 이마를 갖다 댄다. 호수 같은 녀석의 눈을 들여다보는 나를 본 아내는 내 눈에서 꿀이 뚝뚝 떨어진다며 놀린다.

이제야 만면에 웃음을 띠며 손자와 장난을 치던 아버지가 보인다. 보고만 있어도 절로 웃음이 피어나는 이유를 이제야 알았다. 모든 인연이 다 필연은 될 수는 없을 것이다. 그러나 부모와 자식은 그 누구의 선택보다 운명처럼 만나게 되어 있지 않을까. 아내로부터 시작된 인연因緣은 필연必然이 되어 운명運命처럼 아들을 보게 되고, 손자와는 숙명宿命처럼 조손祖孫으로 연결된 신의 설계가 신비스럽고도 놀랍다.

낮잠을 자던 아이가 방그레 웃는다. 숨바꼭질하는 꿈이라도 꾸는 것일까. 천사 같은 모습을 보며 매일 기도 제목이 늘어가도 혼자 빙그레 미소를 짓는다.

아무래도

 여명이 어슴푸레 창문을 두드릴 무렵이다. 일어나려다가 몸이 중심을 잡지 못해 손까지 휘둘러대며 안간힘을 쓰다 떨어졌다. 얼마나 밀어댔는지 맨날 침대 끄트머리에 간당거리며 붙어 있다가 이 꼴로 잠이 깬다. 같이 산 지 어언 반세기가 코앞이다. 눈꺼풀도 떨어지기 전에 마음부터 갑갑하다.
 장인어른의 고모가 중매를 넣었다. 군에 있을 때 자취방을 구해줬던 할머니다. 한 일 년여 유심히 살펴본 것 같다. 데리고 오거나 찾아오는 아가씨도 없지, 퇴근하면 영감님과 복덕방에서 바둑을 두다 들어가는 게 고작이었다. 군에서 받는 월급으로 식구 먹여 살리는 건 문제가 없을 듯하고, 어머니가 해다 나르는 반찬만 봐도 괜찮게 사는 집이라 판단한 모양이다.

처음 뵌 날 장인어른은 우리 아버지와는 달리 아주 호호백발 할아버지였다. 일사 후퇴 때 피란 내려오다 자식 셋을 모두 잃고 뒤늦게 얻은 딸이 바로 아내다. 귀하게 키운 딸의 앞날이 걱정스러워 만만한 놈 하나 붙여 놓아야 눈을 감을 수 있겠다는 생각을 한 것 같다. 복덕방 하는 발 넓은 손아래 고모에게 짝을 찾아봐 달라고 애걸복걸 부탁한 거기에 운 나쁘게 걸려든 게 바로 나였다.

자취하던 방에 신접살림을 차렸다. 언제 어디로 발령을 받을지 모르는 직업이라 집을 사거나 정착은 어려웠다. 나중 안 사실이지만, 아내는 결혼 준비가 된 사람은 아니었다. 장모가 살림살이에 대해 뭐라도 가르쳤어야 하지 않았을까. 그저 애지중지 물 한 방울 묻히지 않고 아끼기만 한 게 분명하다.

결혼하고 채 일 년도 지나지 않아 군을 떠나야 할 사건에 휘말렸다. 졸지에 천직이라 여겼던 제복을 벗고 낙향할 수밖에 없었다. 몸만 떠났지, 마음은 두고 온 군을 떨쳐내지 못했다. 받은 퇴직금으로 한 해가 넘도록 술로 몸과 정신을 망치고 있었다.

그날도 아내가 밥이나 먹고 자라며 깨우자, 술에 찐 몸을 억지로 일으켰다. 입맛이 있을 턱이 없었다. 국이라고 생긴 걸 한 수저 떴다. 너무 짰다. 밥 두 숟가락을 욱여넣고 나서야 눈이 조금 뜨였다. 김치 한 점을 집었다. 간도 맞지 않고 절여지지도 않은 배추에 양념만 발라 놓았다. 그제야 바라보고 있는 눈들이 느껴졌다. 동생들이 이구동성으로 떠들어댄다.

"형님! 김치가 살아서 밭으로 도로 돌아가려는 거 같지요?"

아버지가 앞으로 음식은 며느리에게 맡기지 말라고 엄명을 내렸다.

아내는 솜씨란 낱말을 붙일 데가 없는 사람이다. 자기 딴엔 열심히 만들어도 맛과는 거리가 멀었다. 더구나 어머니 손맛에 길든 우리 식구 모두 밥상 앞에 앉으면 젓가락이 방향을 잃고 헤매기 일쑤다. 그때쯤에야 아내의 실체를 알았다. 자취방에서 먹을 때는 반찬도 깔끔하고 그런대로 맛이 있었다. 살림하는 걸 배워 온 줄 알았더니 그게 아니었다. 나중에 자수한 아내로부터 진실을 들었다. 내가 대문을 나서기 무섭게 문제의 복덕방 할머니가 우렁각시처럼 나타나 반찬부터 청소나 빨래까지 다 거들고 간 거였다. 꼭 사기당한 기분이 들었다.

일 년여가 지났을까. 일자리를 얻었다. 열다섯 평 아파트로 옮기고부터 젖먹이들 키우느라 헤매는 아내를 보고 측은지심이 들었다. 본가에 있을 때는 아기를 봐줄 사람이 많았다. 퇴근하고 집에 오면 아내를 쉬게 하고 청소나 빨래는 물론 시장까지 봐와 식사는 물론 애들 이유식까지 떠맡았다. 집은 제2의 직장이 되고 그게 시초가 되어 지금까지 하게 될 줄은 꿈에도 몰랐다.

아이들이 커가면서 수입도 괜찮아졌다. 집을 더 큰 평수로 늘리는 걸 한참 고민한 적이 있다. 넓어진 만큼 더 고생할 게 강 건너 불 보듯 뻔했으니까. 아니나 다를까, 퇴근하면 쌓여있는 빨래부터 돌렸다. 종일 어질러 놓은 집을 쓸고 닦고 나면 저녁을 먹고 설거지가 끝나면 아이들과 놀아주어야 한다. 언뜻언뜻 이러다 과로사할 수도 있겠다는 생각이 들었다.

아들이 고등학교로 진학할 즈음이었다. 내가 벌어다 주는 돈이 성에 차지 않았던지 아내가 맞벌이 자리를 얻었다. 이제 더 넓은 집이 필요해져 방이 네 개나 되는 큰 집으로 옮겼다. 처박혀 무슨 짓을 해도 모를 나만의 공간이 생긴 건 좋았지만, 일은 더 많아졌다. 가끔 아이들이 일손을 보태주니 살 만하다고 마음을 놓은 것도 잠시뿐, 두 녀석 다 미국으로 유학을 가버렸다. 둘이 살면 편할 줄 알았더니 한번 길들여 놓은 습관이란 게 무서웠다.

아내는 없는 솜씨에 기계치까지 없었다. 모르거나 모른 체하는 건지는 당최 알 수가 없다. 암만 가르쳐줘도 세탁기 돌릴 줄도 모르고 인덕션을 쓸 때도 날 부른다. 빨래가 마르면 걷어서 착착 개어 옷 방 서랍마다 차곡차곡 넣으면 될 걸 소파 위에 던져 놓는다. 누가 하란 말인가. 그러고는 할 일 다 한 표정으로 앉아 TV채널을 돌리고 있다. 그저 성질대로 하자면 창문 열고 바깥으로 던져버리고 싶은 마음이 언뜻언뜻 치밀어 오른다.

다니는 교회에 담임 목사님이 새로 오셔서 며칠 심방을 따라간 적이 있다. 집집이 음식 준비는 모두 부인이 하거나 음식점에서 대접하는 게 관례였다. 한데 자기 능력 밖의 일이면서 식당에서 대접하는 건 예의가 아니니 갈치찌개로 하겠다며 정해버렸다. 열심히 만들어 담아내는 나에 비해 아내는 그릇이나 접시도 찾지 못해 허둥대는 이상한 집이란 걸 교인들이 다 알아버렸다. 상차림도 구역 식구인 젊은 여 집사님들이 도와주었다. 남의 속도 모르고
"한 집사님이 예쁘니까 다 해 주시나 봐요. 좋으시겠다."
칠십이나 먹은 할망구가 예뻐 봤자 얼마나 예쁘겠는가.
이제 내 입에 들어가는 것도 하기 싫은 나이다. 아침에 눈 뜨기 무섭게 나 보고 뭘 좀 해 보라며 다리로 밀어댄다. 냉장고 안은 갖다 넣기만 하고 꺼내지를 않아 미어터진다. 있는 것만 가지고도 조금만 수고하면 맛있는 한 끼를 먹을 수 있을 텐데 그럴 마음이 없나 보다. 나 역시 이젠 하고 싶지 않아 배 내밀고 산다.
내가 안 하니 아내는 요즘 동네 반찬가게를 종종 애용한다. 배춧국도 둘이 한 끼 먹으면 딱 알맞을 양을 사와 소분해서 한 사나흘은 먹는 것 같다. 거짓말 좀 보태 병아리 눈물만큼 준다. 그래도 담아주는 대로 찍소리 한마디 하지 않고 먹는다. 불평하다가는 내가 만들든지, 배나 좀 집어넣으라는 소리밖에 더 듣겠는가. 나가면서 하는 말은 항상 똑같다.

"설거지 좀 하고 나가."

나도 나가야 하는 사람이다. 비록 반백수가 되었어도 버젓이 출근할 사무실이 있다. '이거 왜 이래!' 싶다가도 나만 입을 다물면 만사가 다 조용하니 서둘러 고무장갑을 낄 수밖에 없다.

코로나가 한창 유행할 때다. 검사 전날만 해도 돌아눕는 걸 싫어하는 아내와 얼굴을 맞대고 잤다. 그런데도 아내는 확진, 나는 음성이다. 일복 터진 사람은 이래저래 일이 따라다니나 보다. 일주일이나 안방에 모셔 놓고 영양가 있는 걸로 밥 해 대느라 진이 다 빠졌다. 보내 버리고 혼자 사는 것보다 살려 두는 게 정신건강에 좋다는 얘길 해 준 의사인 친구 녀석의 목을 조르고 싶다. 아무래도 내가 먼저 천국 문을 두드릴 것 같은 느낌이 든다.

직접 대놓고 말하기는 좀 그래서 깨닫기를 바라는 마음에서였다. 아내 흉보기로 도배를 한 글 한 편을 써 일부러 보여준 적이 있다. 홱 팽개칠 줄 알았더니 웬걸 그걸 보고도 충격은커녕 지극히 태연한 데다 한 말씀 보탠다.

"있는 일을 거짓말 하나도 안 보태고 잘 썼네."

'뭐지? 이거 이거 아무래도…'

아름다운 노년은 포기하고 살아야 할 것 같은 불길한 예감이 든다.

알고는 못 자는 자리

"야! 이 친구야. 이러다 너 죽는다."라며 억지로 끌려간 곳은 안동댐이었다. 고기는 뒷전이고 낚싯대만 드리운 채 종일 물만 보며 앉아 있었다. 치밀어 오르는 화가 쉬 가라앉질 않았다. 이틀 밤낮을 낚시는 뒷전이고 술로 보내다 돌아왔다.

잠시 돌려쓰고 주겠다며 빌려 간 수표는 막냇삼촌과 함께 사라졌다. 한 살 많은 삼촌과는 고등학생이 될 때까지 정이 남달랐다. 주말마다 시오릿길 대구 외곽 할아버지 댁을 멀다 않고 드나들었다.

각자 가정을 이루고 사느라 한동안 왕래가 뜸했었다. 연락도 없이 사무실로 들어서는 그를 본 반가움이 사리 판단을 덮어버렸다. 수억 원이었다. 터지고 난 뒤에야 수습할 수 있는 범위를 넘어선 걸 깨달았다. 감당하기에는 턱도 없는 금액이라 눈앞이 캄캄했다. 돈은 고사하고 길거리로 내몰리게 될 아내와 아이들이 받을 충격이 무엇보다 두려웠다. 무슨 일이 생긴 건 아닌지, 이럴 수는 없다 싶어 사방으로 힘을 빌려 수소문해 봤으나 오리무중이었다. 일이 손에 잡히지 않았다. 나 자신을 추스르기도 힘들었다.

점점 절망의 나락으로 떨어져 갔다. 세상과 인연을 끊고 싶은 마음이 들었다. 마지막 뒷모습이 추해선 안 되겠다는 생각이 든 즈음이었다. 낚시 간 바다에서 조그마한 복어가 잡혔다. 꿀떡 삼키면 끝날 것 같았지만 그것도 쉽지 않았다. 젊은 나이에 생을 마감하는 방법을 고민하는 내가 한심스러웠으나 바늘구멍만 한 빛도 보이지 않아서였다.

사무실은 수표를 들고 진을 친 사람들로 인해 출근도 하지 못했다. 심장이 터질 듯한 상실감을 견디지 못해 날마다 바닷가를 맴돌았다. 방파제 끝에 앉아 해넘이를 보면서도 우렁이 속 같은 마음은 정리되지 않았다. 토끼 눈에 봉두난발인 나를 본 경찰관이 주변을 자주 서성거렸다. 내 행동거지에 불안을 느낀 아내 역시 만사를 제쳐 두고 따라붙었다. 잠자리에 들어서도 팔을 깍지 끼듯 붙들고 잤다. 불편해서 조금이라도 뒤척이면 영락없이 눈을 떴다. 아무래도 죽기는 힘들 것 같았다.

그날도 바닷가에서 밤을 지새운 갓밝이쯤 삐삐가 울렸다. 친구였다. 안동댐으로 간다며 전에 낚시했던 자리에 있다는 전갈이었다. 달리 마음 둘 곳도 없는 데다 그의 정성이 고마워 무거운 몸을 일으켰다. 대충 짐을 꾸리고 텐트도 챙겼다. 못 잔 탓에 몇 번을 쉬며 가다 보니 닿기도 전에 어둠이 서서히 내려앉고 있었다. 알려준 부근에 도착했을 때는 날은 이미 어두워져 어디가 어딘지 분간이 서지 않았다. 연락할 길도 없었다. 물가를 향해 숲을 이리저리 헤매며 있을 만한 곳을 찾다가 지쳐 버렸다. 삐삐도 울지 않았다.

일단 쉴 만한 곳에 짐을 풀고 날이 밝기를 기다리기로 마음먹었다. 희미한 손전등으로 이리저리 자리를 찾던 중이었다. 마침 가파른 경사와 우거진 숲만 펼쳐진 곳에 평평한 곳이 보였다. 바닥이 하얀 게, 마치 나를 위해 터를 닦아놓은 것 같았다. 잠결에 몸부림을 쳐도 떨어지지 않을 만큼 땅까지 반듯하게 파 놓았다. 너무 지쳐 있었다. 허기는 근심과는 거리가 먼 모양이다. 라면 하나 끓여 먹었더니 눈꺼풀이 서로 합장을 한다. 던지듯 몸을 뉘었다. 뜻밖에 너무 편안하고 아늑한 느낌이 들었다.

신기한 일이었다. 그동안 제대로 잠을 자 본 날을 손가락으로 세어 보라 해도 셀 수 있을 정도였다. 그런데 언제 잠이 들었는지 모를 정도로 한 번도 깨지 않고 정신없이 잤다. 기다리다 지친 친구가 집으로 연락했던가 보다. 안동댐에 갔다는 얘길 듣고 다 돌아다닌 끝에 나를 찾아냈다.

정신이 들며 주변 사물이 눈에 들어왔다. 밤엔 몰랐지만 바로 옆, 불과 서너 자도 안 되는 지척이 낭떠러지였다. 시간을 보니 무려 열여섯 시간이나 잔 모양이다. 나중 들은 바로는 잔 곳이 댐이 생기며 수몰될 곳에 있던 묘를 이장해 간 자리였다. 시신을 꺼낸 곳에 들어가 잔 셈이다. 어쩐지….

원효대사의 고사가 떠올랐다. 화엄경의 일체유심조란 말처럼 모든 것이 마음먹기에 달렸다는 걸 어릴 적에 이미 배워 놓고도 왜 그랬을까. 그제야 분노로 가득한 감정에 매달려 가족을 불안에 떨게 만든 것도 모자라 몸을 해치려 했던 나 자신이 보였다. 경위야 어떻든 나로 인해 생긴 일은 내가 바로 잡아야 한다는 결심이 섰다. 허물이 있으면 고치기를 마다하지 않아야 한다고 하신 공자의 말씀도 있지 않은가. 숨죽이고 있던 용기가 다시 고개를 들었다.

본의 아니게 잠시 빌려 잔 천년집의 주인도 어쩌면 나 같은 일을 겪은 사람이 아니었을지 상상해 본다. 못내 떠나기 아쉬웠던 차에 빈집에 들이닥친 나를 동병상련으로 쉬게 해 준 것은 아닐까. 살다 보면 또 이런 일이 있을지 몰라 잊지 않아야겠지만 마음을 고쳐먹었다. 그날 이후 한동안 괴롭히던 불면에서 벗어났다.

팍팍한 세상이라도 나를 믿어준 후배 덕에 길이 열렸다. 관념의 담을 허무니 보이지 않던 길이 나타났다. 죽으려는 마음을 가질 정도로 어둡기만 했던 내 주위 많은 것들이 새삼 새롭게 보였다. 알고는 못 자는 자리, 묘를 파낸 곳에서도 푹 잤는데 세상쯤

이야 하는 호기도 부려 본다. 옆을 돌아보았다. 아내와 아이 둘이 함박웃음을 웃고 있다. 이번 주말은 오랜만에 친구와 안동댐으로 가 볼까 한다. 잠자리를 내어주고 떠난 분에게 감사 인사라도 드릴까 싶어서다. 상고대가 예쁘게 피었을 것 같다.

이혼 연습

 2년 전이었다. 초등학교 동기 여자 친구가 사무실로 찾아왔다. 차 한 잔 내주고 마주앉자 눈물부터 보인다. 이럴 때는 마음이 진정될 때까지 조용히 기다려주는 것이 도리다. 52년 전 짝꿍이었던 학교 생활이 떠올랐다. 선생님이 장래 희망이 뭐냐고 물으셨다. "현모양처"라고 이 친구가 대답했던 걸 아직도 기억하고 있다. 한참을 지난 뒤에 운을 떼는데 그 사연이 기가 막힌다.
 남편은 그야말로 하는 것마다 되는 일이 없었다. 그러다 보니 모든 생활은 이 친구가 책임을 질 수밖에 없었다. 학교 급식 조리사로 일하며 받은 돈으로 아들 둘을 공부시키고 어렵게 가정을 꾸려 나갔다. 결혼 40년 만에 비록 골목 끝 집이나마 전세와 대출을 끼워 내 집을 장만했다. 집 장만했다고 직접 음식을 만들어 친구들을 초청한 날이었다. 기쁨이 넘치는 표정으로 사뿐사뿐 음식을 만들어 나르는 모습을 보는 우리 마음도 정말 좋았다.

한 푼이라도 아껴 보려는 마음에 집을 큰아들과 공동명의로 해 두었다고 했다. 몇 년이 지나 이번엔 믿었던 아들이 빚을 지고 그 좋은 직장까지 그만두게 되었다. 그뿐이 아니었다. 그 빚에 친구는 보증까지 섰다고 했다. 길거리에 나앉게 되었다며 방도가 없겠느냐는 얘기였다. 도와줄 친척도 없다는 것이다. 이리저리 수소문해 보니 벌써 압류가 들어오기 직전이었다. 달리 수단을 취할 시간이 없었다. 궁리 끝에 아내에게 사무실에 필요하다며 돈을 송금 받아 친구 통장에 입금했다. 절차상 매매를 원인으로 한 가등기를 해 둔 것이다. 가등기를 한 일주일 후에 압류가 들어왔다. 미리 손을 써 둔 뒤라 일단 길거리로 내몰리지는 않게 되었다.

지난달이었다. 집을 사며 돈이 모자라 2층은 전세를 놓았던 모양이다. 도시공사에서 무주택자에게 지원한 전세 대출금 만기상환 통지서가 왔다. 기일을 연장해 달라고 부탁을 했으나 가등기 때문에 불가하단 통보를 받았다. 갚지 못하면 또 경매가 들어오는 등 사정이 어렵게 된다. 버는 족족 아내에게 다 갖다 준 돈에 아쉬운 마음이 들었다. 가등기를 하던 날부터 부동산시장에 내놓아도 팔리지 않는 집이다. 7월 말까지 기한을 받아 놓고 보니 머리가 뜨끈뜨끈해진다. 수십 군데 부동산사무실을 들러 소개비를 배로 줄 테니 팔아 달라고 내놓았다.

마침 같이 일하는 친구가 한치 낚시를 하러 가자고 했다. 딸이 아기를 낳았는데 한치 넣고 구운 파전이 먹고 싶다고 했단다. 나는 갈치 낚시꾼이다. 한치는 잡지 않는다. 하지만, 돈 걱정도 다녀와서 하려고 머릿속을 좀 비우기로 했다. 밤새도록 흔들리는 배에서 열심히 낚싯대를 흔들었어도 친구 세 마리, 나는 네 마리 잡았다. 친구 딸도 내 딸이나 매한가지다. 파전 맛있게 구워주라며 다 부어 줘버렸다. 아이스박스는 선장 집에서 깨끗이 씻었다. 대구로 돌아오는 너내 머릿속에 또 돈 걱정이 쌓여 간다.

깨끗한 아이스박스를 보고 "고기 잡으러 갔다면서 밤새도록 뭐 하고 왔냐?"는 아내의 눈초리가 예사롭지 않았다. 친구 집 걱정에 대꾸할 마음의 여유가 없었다. 아내의 행동이나 표정이 달라진 걸 느끼긴 했어도 관심을 두지 못했다. 변제기한을 이틀 남겨두고 급한 마음에 아내에게 집 한 채 사자고 운을 띄웠더니 가 보자고 했다. 둘러보던 중에 공교롭게도 퇴근하고 오는 친구와 마주쳤다. 아내와는 전부터 보고 지낸 적이 있어 서로 눈인사는 했지만, 왠지 모르게 분위기가 서먹해졌다.

집에 돌아온 아내는 어쩐지 냉담했다. 침묵 끝에 "골목 끝 집이고 언덕바지라 투자가치가 없어 안 사겠다."고 해 사실대로 얘기할 수밖에 없었다. 말끝에 사지 않을 거면 전세금이라도 좀 빌려주자는 말을 건넸다. 9월 말까지는 무슨 수를 써서든 팔아 갖다주겠다는 말이 떨어지기 무섭게 아내가 "그걸 어떻게 믿는데?" 하며 가시돋친 말을 쏟아낸다. 머그잔에 커피를 먹던 중이었다. '왜 그랬을까?' 지금도 그 상황이 이해가 되지 않는다. 내 잔을 아내가 내려놓은 잔에 대고 내리쳐 버렸다. 잔이 깨지며 그렇게 큰 소리가 날 줄 미처 몰랐다. 아내도 놀랐지만 나는 더 놀랐다. 거기다 손가락까지 아파 내려다보니 피가 펑펑 솟아 나온다.

피가 뚝뚝 떨어지는 손가락으로 아내를 가리키며 "그렇게 못 믿으면서 40년을 어떻게 살았냐."라며 고함을 질렀다. 그 뒤론 지금 생각해도 너무 진도를 나가 버렸다. "못 믿는데 뭐 하러 같이 사나. 그만 살자."라고 했다. 아내가 얼굴이 새파랗게 변하더니 "그래!" 하고는 안방으로 들어가 버렸다. 치솟는 분을 감당하지 못해 서재로 들어가 협의이혼확인서를 만들었다. 출력해 도장을 찍고 안방으로 건너가 아내에게 척하고 내밀었다. 어럽쇼. 서슴없이 도장을 가져오더니 콱 찍어준다. 이제 내 화는 머리끝을 뚫고 폭발할 지경이 되었다. 아내는 방으로 들어가고 난 거실에 남았다. 뒤늦게 후회가 물밀 듯이 밀려오지만 이미 쏟아버린 물이었다.

거의 뜬눈으로 밤을 보내고 출근했다. 뭐 마려운 강아지 모양책상을 돌다가 법원으로 넘어갔다. 아내에게 전화를 걸었다. 법원에서 3시간을 기다려도 아내는 나타나지 않았다. 문자를 넣었다. 바빠 못 온다고 했다. 내일은 올 건지 물었다. "그래. 갈게" 해 놓고는 다음 날도 법원에서 나 혼자 3시간을 기다렸지만 오지 않았다. 전세금은 친구와 아들 녀석에게 돈을 빌려 해결이 되었다. 다행히 그로부터 일주일도 채 되지 않았을 때 매수자가 나섰다. 중도금을 받은 즉시 친구와 아들 돈부터 갚아 주었다.

아내와는 한 달여를 따로 잤다. 결혼 후 처음이라 나만 잠을 이루지 못한 게 아니라 서로가 밤새워 뒤척였던 것 같다. 아마도 분위기를 눈치 챈 아들 녀석이 제 엄마에게 내가 돈 빌려 가서 갚아준 걸 보고한 것 같았다.

텔레비전을 보고 있는 내 옆에 슬며시 와 앉았다. 복숭아를 깎더니 포크로 찔러 건네주었다. 시선은 텔레비전을 보고 과일만 못 이기는 척 받아먹었다. 그날도 안방으로 들어가진 않았다. 다음 날 아들 녀석과 며늘아기가 왔다. 밥 먹으러 가자고 했다. 밥도 덜 먹었는데 밥값 내라며 아내가 카드를 찔러준다. 그러고는 애들에게 "아빠가 밥값 낸대" 하며 날 보고 웃는다. 미안하긴 했던 모양이다. 이혼 연습치고는 독하게 한 것 같다.

지금 그거 해서 뭐할 건데?

빵! 빵! 뒤차의 경적 소리에 퍼뜩 정신을 차렸다. 출근길에 무리지어 가는 군인들의 모습에 이끌려 잠시 한눈을 팔았다. 나도 저런 때가 있었지. 젊음의 싱싱한 냄새가 차 안으로 스며드는 것 같다. 수십 년 전의 내 모습이 생생하게 떠오른다.

집을 떠나고 싶어 결심한 일이었다. 포시랍게 자라 놓고도 어디서 그런 인내력이 발동했던 건지 견디기 힘든 훈련을 정신력으로 겨우 버텨 냈다. 여러 임지를 거치면서 차츰 군 생활이 몸에 맞는 옷을 입은 것처럼 적응이 되었다. 해를 거듭하는 동안 군이 천직이란 생각까지 들었다.

생각지도 못했던 일이 일어났다. 평화롭게 풍경을 감상하다가 갑자기 들이닥친 너울로 인해 바다 밖으로 내팽개쳐진 상황과 같았다. 내 잘못이 아니다. 군에 뿌리를 내릴 참이었는데 내 뜻과는 상관없이 군인의 꿈을 접어야 했다. 암흑 같은 좌절감이 찾아왔다. 군복을 벗고는 마치 폐인처럼 살았다.

한 해가 다 지나갈 무렵에야 아내와 아이가 눈에 들어왔다. 취직을 하려고 해도 군 생활 외에는 내세울 스펙이 없었다. 또 한번 좌절을 할 때쯤 마지막이라며 써낸 곳에서 연락이 왔다. 대표가 군 출신이었다. 제출한 자기소개서를 읽었나 보다. 택시 회사와 충전소, 주유소, 시장 상가를 경영하는 회사의 행정관리실장의 직함이었다. 엄격히 말하자면 대표의 '집사'였다. 새벽에 출근하고 밤이 이슥해야 퇴근하는데 괜찮은지 묻는다. 물불가릴 처지가 아니었다.

새벽 네 시면 출근해서 곳곳을 돌아보고 전날의 수입금을 계산하여 받고 확인을 한다. 아홉 시쯤 은행 직원이 온다. 통장을 구분하여 입금할 돈을 전부 넘겨주고 아침밥을 먹는다. 그 다음부터는 수백 명이나 되는 직원들의 인사관리와 상가 현황을 점검한다. 빈 점포를 임대하고 임차인과의 계약과 각종 소송으로 인한 재판도 내가 맡은 일이다.

오후 여섯 시에 퇴근을 하지만, 한밤중 대표의 집 전등이 나갔다거나, 변기가 막혔다는 연락이 오면 뚫어주러 달려가야 한다. 하룻밤에 교통사고가 여러 건 생기면 사업부장과 사고 현장을 나눠 처리하러 나간다. 충전소장과 주유소장도 겸직했기에 당연히 고압가스와 위험물 취급 국가기술자격증은 필수였다. 자투리 시간이 생길 때면 시험공부에 매달렸다. 평균 수면 시간은 여섯 시간이 안 되고 아이는 자는 얼굴밖에 볼 수가 없다. 휴일도 없는 시간이 이어졌다. 급여 빼고는 마음에 드는 게 단 하나도 없는 직장이었다.

다섯 해 만에 결국 사직서를 썼다. 과로사할 것 같은 느낌도 들었지만, 내 인생을 여기 매달아서는 안 되겠다는 생각을 계속하고 있던 차였다. 사직서를 반려하며 '후임자를 구해 인수인계하고 가라'는 말에 모 일간지에 구인 광고를 냈다.

지원자는 차고 넘쳤다. 광고를 낼 때마다 뽑았던 인원이 열일곱 명이나 되었어도 짧게는 사흘, 길게는 보름을 넘기지 못했다. 한 해를 인수인계하느라 더 바빴다. 모두 대표가 의도한 것 같았다. 그 해 섣달은 새벽바람에 유난히 목이 시렸다. 한밤중 히터를 한껏 틀고 집으로 오던 길에 깜빡 졸음운전을 한 적도 한두 번이 아니었다. 더 다니다가는 꼭 죽을 것만 같은 생각이 들었다. 출근하지 않고 잠적하기로 마음을 먹었다. 그 해까지 꼭 여섯 해 반을 먹고사는 일로 항상 마음의 긴장을 늦춘 적이 없었다.

대표가 날 찾기를 포기한 날부터 다시 스펙을 찾아 채우느라 밤잠을 설쳤다. 내 일을 시작하고서야 삶의 여유도 생기고 경제적으로도 어려움이 사라졌다. 그동안 아이들은 언제 이렇게 컸나 싶게 훌쩍 자라 버렸다. 주변의 사물들이 하나둘 눈에 보이기 시작했다. 어느 순간, 사는 게 신바람나지 않았다. 내게도 변화의 바람이 필요한 것 같았다.

오토바이를 샀다. 마음이 답답하거나, 스장을 쓰다 문장이 막힐 때면 바람을 가르며 시원하게 한번 달리고 온다. 머리가 맑아지고 집 나간 문장력이 살아 돌아온다. 유일한 낙이었다. 워낙 덩치가 큰 탓에 지하주차장 한 자리를 고스란히 차지하고 앉아 있다. 비가 온 날, 아내가 주차할 곳을 찾아 몇 바퀴 돌다 지친 모양이었다. 관리실로 가 주구장창 세워 놓은 저 큰 오토바이는 누구 건지 물었던 모양이다.

"그 집 아저씨 거잖아요."

다음 날로 이혼 당하기 싫어 내 마음과는 달리 울며 겨자 먹기로 팔았다.

얼마 후 눈을 돌린 취미가 사진이었다. 출사하고 온 날 컴퓨터에 사진 저장한 것을 아내가 봤다. 풍경이야 별일이 있겠냐마는 누드 촬영을 간 게 문제였다. 애들 보면 어쩌려고 이러느냐며 한 번만 더 가기만 해 보라는 공갈협박에 이것도 접을 수밖에 없었다.

색소폰은 마침 교회 교육 전도사님이 가르쳐주겠다고 하여 시작을 했다. 한 달에 두 번밖에 교습을 받을 수 없어서 안달이 났다. 시작한 건 끝을 보는 성미라 제대로 불고 싶어 검색하여 찾아간

학원의 강사분이 여자였다. 한참 재미있게 잘 불러 다녔다. 휴대폰 동영상으로 찍어 와 봐가며 열심히 불었다. 우리 아파트 위층, 아래층 할 것 없이 시끄럽다며 난리가 났다. 아내와 엘리베이터를 같이 타고 올라온 이웃도 넌지시 얘기한 모양이었다. 그날 휴대폰을 유심히 들여다보던 아내의 날이 선 목소리가 섬짓하게 들렸다.

"이 여자분은 누군데?"

설명하기 싫어서 섹소폰도 그만둬 버렸다. 사는 낙이 없었다. 문득 할아버지 뜻에 따라 진작 공부 열심히 하지 않은 게 후회스러운 마음이 들었다.

대학원엘 진학했다. 수업 받느라 집에 오면 열한 시가 훌쩍 넘었다. 전공서적도 보이고 같이 얘기하고 놀 시간에 공부하고 있었으니 궁금했을 것이다. 자진해서 얘기를 꺼냈더니 도중에 아내가 말을 끊었다.

"지금 그거 해서 뭐 할 건데?"

이번엔 배운 시간과 돈이 아까워 그만두지 않고 박사까지 밀어붙여 버렸다.

서재에 있는 시간이 많아지자 예전부터 일기처럼 틈틈이 적어 놓은 노트가 눈에 띄었다. '수필은 붓 가는 대로 적는 게 수필이다'라는 문구가 생각이 나 정리해서 수필집을 한 권 내고 싶었다. 아내의 기분이 한껏 좋은 때를 기다렸다. 날을 잡아 출판 비용으로 쓸 돈 좀 달라는 얘기를 꺼냈다.

"지금 그거 해서 뭐 할 건데?"

한푼도 줄 의향이 없어 보여 잡아 온 갈치를 몇 번 팔아 책을 냈다.

어렸을 적 좋아한 그림을 다시 시작할 때도 그랬다. 모처럼 의뢰인으로부터 승소한 사례금을 받았다. 잘 아는 분을 스승으로 모셨다. 화방에 들러 도구 일체를 사 와 서재에 앉아 붓질할 때였다. 퇴근한 아내가 무슨 냄새냐며 서재로 들어서더니 또 대뜸 한마디한다.

"지금 그거 해서 뭐할 건데?"

이 말을 하도 많이 들은 터라 면역도 되고 반항심도 생기는 모양이다. 그러거나 말거나 목표인 개인전이라도 열어 볼 양으로 열심히 그리고 있다.

지금까지의 일 중에서 가장 서운한 마음이 들어 이혼과 재산 분할도 불사하고 싶었던 때가 있었다. 열 하고도 몇 해 전이었다. 법학전문대학원이 생긴 해였다. 이미 대학원에 재학 중이었던 터라 문의를 해 보았다. 나이 때문이다. 입학 자격시험만 통과하면 받아주겠다는 답변을 받았다. 몇 날 며칠 잠을 이루지 못할 정도로 설레었다. 아내 손을 잡고 진지하게 얘기를 꺼냈다. 억대의 학비도 들고 삼 년 동안 수입도 없다는 말이 떨어지기 무섭게 단칼에 잘렸다.

"나이 육십이 다 되어가는데 지금 그거 해서 뭐 할 건데?"

변호사를 우습게 보는 단 한 명의 여자가 있다면 그건 아마도 내 아내가 분명하지 싶다. 우리나라 축구를 4강까지 단번에 끌어올린 히딩크가 한 '아직도 배가 고프다'던 말이 떠오른다. 나는 허기가 진 것 같다. 내 안에 꽉 차는 희열을 한 번 맛보고 싶다. 그래서 이 말을 듣고 싶은 건지도 모른다.

"뭐 할 건가 했는데 대단하네."

풀지 못할 대답

 안방으로 들어간 로봇 청소기가 굉음을 내지른다. 또 뭔가 빨려 들어간 모양이다. 아니나 다를까. 아내의 양말이 흡입구에 끼어 있다. 빼내는 이마에 땀방울이 솟아난다. 벌써 몇 번째인지 셀 수도 없다. 슬며시 가슴에 열불이 인다. 처음에는 미안한 표정이라도 지었다. 이젠 '그럴 수도 있지 뭘 그걸로 그러'라는 얼굴이다. 점점 사람이 뻔뻔스럽다는 느낌이 든다.
 자취방을 얻어 준 복덕방 할머니의 주선으로 처음 아내와 만났다. 하늘거리는 연보랏빛 꽃무늬 원피스 차림에 잘록한 허리를 벨트로 묶어 하얀 하이힐을 신고 나타난 아내의 도습에 눈이 부셨다. 몇 차례 만나며 눈여겨본 아내는 깔끔하고 빈틈이 없어 보였다. 이리저리 떠돌아다니는 군인의 반려로는 과분하다는 생각도 들었다. 몇 차례나 우여곡절을 거친 끝에 우리는 한 이불을 덮게 되었다.

소망대로 살아지는 예는 없나 보다. 천직으로 여겼던 군복을 벗었다. 방황하던 삶을 바로잡기까지 제법 긴 시간이 걸렸다. 내가 중심을 잃고 흔들리자 아내가 팔을 걷고 나섰다. 벌어다 주는 돈에 갈증을 느낀 까닭이 분명했으리라.

그날 이후 모든 게 달라졌다. 군에서도 세 가지 반찬은 먹었는데 기껏해야 두 가지다. 그렇지 않아도 어려운 시절이다. 식구가 단체로 영양실조에 걸릴지도 모른다 싶어 염려스러운 마음에 내 손으로 만들어 먹기 시작했다. 반찬가게를 열어도 될 만큼 솜씨가 늘자, 이젠 먹고 싶은 게 있으면 나 보고 만들어 달라며 시킨다. 넉살도 보통 좋아진 게 아니다.

아내는 일 마무리를 하고 오느라 항상 퇴근이 늦었다. 피곤한지 잠들면 코를 고는 통에 잠을 이루지 못한 밤이 허다하다. 부부가 잠자리에서만큼은 서로 마주보고 자야 한다더니 이제는 먼저 돌아누워 잔다. 등돌려 누운 부부가 다시 마주보기까지는 지구를 한 바퀴 돌아야 볼 수 있다고 말한 걸 잊은 모양이다. 몸부림은 얼마나 치는지 빼앗긴 이불 때문에 하룻밤에도 한두 번은 잠이 깨기 일쑤다. 어떨 땐 거꾸로 자면서 발로 내 얼굴을 비비거나 걷어찬 경우도 비

일비재非一非再하다. 그래도 이뿐이면 귀엽게 봐줄 수 있다.

언제부터인지는 정확히 기억은 나지 않는다. 아내는 나 보란 듯이 양말이나 스타킹을 아무 곳에나 벗어 던져 놓는다. 아무리 잔소리를 해도 고치질 않는다. 궁리 끝에 플라스틱 통 네 개를 샀다. 매직펜으로 큼지막하게 각각 수건, 내의, 양말, 겉옷 담는 곳이라 써 옷방에 나란히 놓아두었다. 청소도 내 몫이고 세탁도 내가 해야 할 일이다. 분리할 필요 없이 세탁기에 갖다 붓기만 하면 된다. 그런데도 아내는 이걸 지키지 않는다. 수건을 세탁해도 스타킹 한두 켤레가 나오는가 하면 내의 속에 양말이 끼어 있는 경우도 다반사다. 마스크도 썼으면 쓰레기통에 넣지, 온 집 안을 굴러다니게 만든다. 짜증이 난다. 아내는 숨기고 나는 찾아다닌 지 오래되었다. 그렇게 지낸 세월 따라 벌써 강산이 네 번이나 변했다.

재작년 가을 무렵이었다. 어릴 적 친구의 집에 식사 초대를 받았다. 먼지 한 톨 안 보일 만큼 집은 깔끔하고 정리정돈이 잘 되어 있었다. 형형색색 여러 가지 차려 나온 음식은 솟아나는 침으로 인해 입 안이 홍수가 날 판이다.

그것뿐이었으면 그리 부럽지는 않았을 것이다. 이 친구의 아내도 전업주부가 아니다. 친구에게 매일 직접 다림질한 와이셔츠와 바지를 입혀 출근시킨다고 한다. 더 기가 죽었던 한마디는 남편을 주방 근처에도 얼씬거리지 못하게 한다는 얘기였다. 진정 부러운 마음이 들었다. 무슨 이런 아름다운 세계가 있나 싶었다. 자연 우리 집과 비교되지 않을 수가 없었다.

그날 이후 꽁꽁 매어 둔 매듭을 풀어버리고 싶은 생각에 사로잡혔다. 사무실에 이혼을 상담하러 오는 사람의 면면을 보면 주로 남편의 폭행, 도박, 불륜, 무능력이 대부분이다. 어느 것 하나도 나와 연결되는 사실이 없다. 그런데 왜 나는 이런 대접을 받고 살아야 하는지 한동안 혼자 상실감에 시달렸다. 그 원인을 분명 처음 아내를 만났을 때 내 눈에 콩깍지가 씌었을 거란 단정으로 굳혀 갔다. 암수가 한몸을 만들어 함께 날아오른다는 '비익조'도 서로 마음을 합칠 때나 될 수 있는 얘기가 아닐까. 어차피 내가 다 하는 거 혼자 사는 게 더 편하고 좋을 것 같았다. 자유란 날개를 달고 훨훨 날아오르고 싶었다. 협의이혼신청서를 만들어 여차하면 들이밀기로 하고 기회만 엿보고 있었다.

일곱 해 전 아들이 가정을 꾸렸다. 며늘아기가 아파트 현관 비밀번호를 적은 쪽지를 건네주는 걸 받지 않았다. 언제든 방문해도 좋다는 뜻이었을 게다. 여태 딱 한 번 저녁 식사에 초대받아 간 후론 불편해 할까 싶어 가지 않았다. 아기가 생기지 않아 여러 차례 인공수정을 거듭한 끝에 손자를 보았다. 배치기로 기어다니기에 도전하는 모습이 한창 예쁘다. 핏줄이 뭔지 손자가 생긴 뒤부터 아기 봐준다는 핑계로, 또 정서적으로 좋을 거라며 며늘아기가 반겨주어 자주 걸음을 하고 있다. 자연 아들 내외의 생활이 보인다.

아들이 직장에서 돌아오면 육아 도우미는 퇴근한다. 며늘아기가 퇴근하면 같이 목욕시키고 아기와 노는 며늘아기 대신 아들이 밥도 하고 반찬도 한다. 그뿐이랴. 설거지는 당연지사이고 청소도 빨래도 도맡아 하고 마트에 가서 장까지 봐 온다. 쓰레기는 분리해서 갖다 내놓는다. 가만 눈여겨보니 자는 시간 외에는 궁둥이 붙이고 앉아 있을 새가 없다. 그런 아들에게 비하면 나는 조족지혈鳥足之血이었다. 날 보고 커서 저런가 싶었다. 재산만 상속되는 게 아니라 부모가 사는 모습도 자연스럽게 전해지는가 보다.

안쓰러웠다. 힘들지 않은지 넌지시 물어 보았다. 뜻밖의 대답이 돌아왔다.

"힘들지 않아요. 유진인 착하고 주원이도 사랑스럽잖아요. 요즘 다 이렇게 해도. 아빠도 하시면서 뭘."

'유진'은 며늘아기고 '주원'인 손자 녀석이다. 사랑은 모든 걸 이기는 힘이 아니라, 같이 있으면서 그 어던 것도 힘들지 않은 게 사랑이 아닐까. 정말 요즘은 다들 이렇게 사는 모양이다. 아들 녀석에게 한 수 배웠다.

근래 아내는 거실에서 TV를 보다가도 정신없이 코를 골며 잠든다. 그 소리에 고개를 돌렸다가 눈에 들어온 아내의 얼굴이 클로즈업close-up된다. 잔주름 사이로 생긴 고랑에 머물자 덧없이 흐른 세월 따라 살아온 장면들이 주마등처럼 스쳐 지나간다. 아내라고 왜 인고忍苦의 과정이 없었겠는가. 내 울타리를 지키려고 인생의 굴곡진 고비마다 안간힘을 다해 살았던 순간순간을 보여주곤 또 사라진다. 그랬다. 아내는 희로애락을 같이하며 치열한 삶의 전쟁터를 같이 헤쳐 나온 전우戰友나 마찬가지다. 풀어 버리는 건 있을 수 없다는 생각이 들었다. 아내와 내가 같이 매어 둔 것은 풀지 못할 매듭이었다.

2
근심. 이웃. 일

앞으 길에 척도로 삼고자
남은 세월을 자문해 본다. '나는 잘 산 사람이 될 수 있을까.'
졸던 아내가 눈을 번쩍 뜨고는 고개를 끄덕였다.

가슴앓이

"자네는 부러운 것도 없고 걱정거리도 없지?"

친구들에게 자주 듣는 말이다. "세상에 걱정 없는 사람이 어딨냐"고 해도 내 말은 귓등으로 듣는다. 늘 사람 좋은 듯 웃고, 하고 싶은 거 다 하는 듯 보이니 그럴 만도 하다. 사람 사는 걸 어찌 겉만 보고 알 수 있을까.

아내와는 지금까지 살면서 가끔 토닥이는 입씨름 정도는 했다. 하지만 토닥이는 소리가 방문 밖을 나가 본 적은 없다. 서로 불편한 게 있어야 싸움도 난다. 불편할 겨를이 없다. 바쁘게 살다 보니 끼니도 같이 있을 때를 제외하고는 각자가 해결한다. 나이 드니 예전에 돈 번다는 핑계로 잘해 주지 못한 게 마음에 걸려 요즘은 최선을 다한다. 돌아오는 반응도 괜찮다. 둘이 버니 돈도 남에게 빌려야 할 일이 없다.

아직 병으로 입원한 일도 없다. 아프고 싶어도 바빠서 건강하다. 오랫동안 끊지 못하던 술과 담배도 모질게 끊었다. 취미로 낚시를 즐긴다. 육류보다 생선을 즐겨 먹는다. 회가 먹고 싶으면 낚싯대를 들고 바다로 간다. 금방 낚은 고기로 회를 떠 갖은 채소로 쌈을 싸 먹는다. 참으로 고소하다. 세상살이 온갖 잡념이 다 사라진다. 아플 틈이 없다.

어릴 적 공책에 그림 그린다고 할아버지로부터 야단을 맞았다. 오기로 그림도 그만두고 공부까지 게을리했다. 쫓겨나기 싫어 그저 대충 했다. 나이 먹으면 후회하게 되는 날이 오나 보다. 뒤늦게 공부가 하고 싶어 또 다른 목표를 세우고 12년을 더 공부하고 마무리했다. 친구들은 늦은 나이에도 공부할 수 있는 경제적 여유를 부러워했다. 골프도 하고 색소폰도 배웠다. 사진에 빠져 밤낮 가리지 않고 돌아다녔다. 하고 싶은 게 왜 이리 많은지 모르겠다. 글공부도 하고 있다. 돌아가신 할아버지께 죄송하지만, 개인전을 목표로 그림도 그리고 있다.

자식도 크게 애먹인 적이 없다. 날 닮아서 그런지 배우는 걸 좋아한다. 남들이 한 번도 힘들어하는 대학을 세 곳이나 졸업했다. 공부가 끝나면 미국서 자리잡고 살 줄 알았다. 갑자기 그곳이 싫다며 돌아온 녀석 때문에 한동안 걱정이 많았다. 나이 서른넷에 직업도 없었다. 그래도 한 일 년 공부하더니 공기업에 취직했다. 내가 나가는 교회(敎會)의 딸 가진 여러 집에서 청혼이 들어왔다. 예쁘고 착한 며느리를 맞았다. 우리 부부보다 훨씬 사이가 좋다. 식사 후 싱크대 앞에 나란히 서서 설거지하는 걸 본다. 서로 볼에 거품 묻혀 가며 깔깔거리는 모습이 사랑스럽다. 보기 좋다.

어릴 적부터 단짝이 있다. 가난했지만, 그는 손이 귀한 집 자식이었다. 노는 듯 공부해도 항상 전교 1등이었다. 나보다 좋은 대학을 나와 일찍 사법고시에 붙었다. 친구는 서른도 안 된 나이에 영감님 소릴 들었다. '둘도 많다'라던 정부 시책에 반(反)해 딸 둘인데도 아들을 또 낳았다. 친구의 일이 자랑스럽고 잘됐다는 생각은 했지만, 그렇게 부럽지는 않았다.

친구의 아들이 결혼하겠다며 아가씨를 데리고 왔다고 했다. 그만하면 됐다 싶어 '요즘 젊은 사람들은 아기를 갖지 않겠다는 사람도 있다는데 생각이 어떠냐?'고 물었다. 말 떨어지기 무섭게 아가씨가 주먹을 불끈 쥐어 보이며 큰소리로 '아버님! 열심히 낳아 보겠습니다.' 하더란다. 친구 아들은 그 해 결혼했다. 딸들까지 줄줄이 결혼을 하고는 손녀가 벌써 넷인지, 다섯인지 셀 수도 없다. 솔직히 너무 부러운 생각이 든다.

2년 뒤 내 아들도 결혼하고 벌써 6년이 흘렀다. 부부 사이가 너무 좋으면 손이 귀하다더니 아직 아기가 없다. 어려서부터 친구의 그 어느 것도 부러워한 적이 없다. 지금은 그가 부럽다. 같은 사무실에 마주보고 앉아 일한다. 혼자 실없이 히죽히죽 웃는 걸 자주 본다. '뭔데?' 하고 물으면 까르르 웃는 아기 동영상을 보여준다. '에라! 이 팔불출!' 하면서도 진심 부러운 마음에 가슴이 다 쓰리다.

어떤 녀석이기에 이렇게 애를 태우는지 모르겠다. 언젠가 만나는 날이 올 것이다. 그때가 오면 왜 이리 애를 태웠냐며 꿀밤 한 대 먹여줄까 싶다. 나도 친구처럼 일하다 휴대폰 들여다보고 히죽거리는 날이 오겠지? 차마 표현은 못 하고 가슴앓이만 한다. 이 일은 내 의지로 되는 일은 아니다.

그 여자 쥑이기

눈이 떠지기 바쁘게 전화벨이 요란스레 울려댄다. 이 시간에 올 연락처는 없는데 웬 전화인가? 불현듯 어젯밤 일이 떠올랐다. 급한 연락을 받고 나가던 중이었다. 마음이 앞서 허둥대는 바람에 사고가 났다. 벤츠였다. 벌써 강산이 변해도 한참 변한 구닥다리다. 다행히 운전석 앞 범퍼 모서리에 내 차 페인트만 살짝 묻었다. 깨진 곳이 없어 닦을까 하다가 그래도 주인에게 알리는 게 도리라 여겼다. 쪽지를 써서 앞 유리에 붙여두고 들어왔다.

기다리고 있는 여자를 본 순간, 예감이 썩 좋지 않았다. 아들 나이 또래나 되었을까. 팔짱을 낀 채 가자미눈을 하고 아래위로 훑어보는 걸 보니 뒷일이 난감해질 것 같은 느낌이 온다. 세월의 흔적이 말해주듯 상처투성이 차다. 그래도 이웃이 아닌가. 최대한 예의를 갖춰 넌지시 제안을 건넸다.

"닦고 전체 광택 한번 내드리면 안 될까요?"

불길한 예감은 항상 맞아떨어지는 법인가 보다. 뜻밖의 대답이 돌아왔다.

"이 차 외제찬데요. 범퍼에 센서가 있어 교환해야 합니다."

요즘은 경차도 센서가 붙어 나오는 시대다. 더 이상 말을 섞다가는 점잖은 입에서 욕이 튀어나올 것 같아 보험사에 연락하겠다며 자리를 떴다.

오 년 전 크리스마스캐럴이 한창 울리던 때였다. 시동을 걸어 예열하던 중에 갑자기 앞쪽에 주차되어 있던 차가 뒤로 달려오더니 내 차 앞을 받아버렸다. 상당한 충격이 왔다. 내려 보니 범퍼가 푹 꺼지고 번호판도 망가졌다. 종종 주차장에서 마주치던 분이었다. 다행히 범퍼가 튀어나오고 페인트가 약간 벗겨졌다. 걸레로 닦으며 계속 미안해하는 걸 보고 괜찮으니 걱정하지 마시라며 보냈다. 근처에서 약국 하는 분이라 차 한잔하자는 걸 아직도 가지 않았다.

반세기가 다 되어가도록 잊히지 않는 기억도 떠오른다. 처음 장만한 차가 포니2였다. 당시만 해도 아파트에 차 있는 집이 드물었다. 첫날, 아내와 아이를 태우고 드라이브하고 돌아와 주차장에 곱게 모셔두었다. 다음 날 아침, 주차장에서 떠들썩한 소리가 들려 내려다보고는 목덜미를 잡고 넘어갈 뻔했다. 내 차를 가운데 두고 양쪽에서 편을 갈라 연탄재로 싸움을 하는가 하면 차 위에 올라가 미끄럼 타는 녀석도 있었다. 그땐 아파트라도 난방과 취사를 연탄이 맡았던 시절이다. 너무 허망해지면 포기도 빨라지는 게 아닐까. 볼 때마다 인사를 하는 동네 꼬마들이다. 부모들이 수리비를 일부 부담하려는 걸 마다하고 마음만 받기로 했다. 아이들이 그런 걸 어쩌겠는가.

보험사가 내 대리인 역할을 충분히 해 주기를 바랐다. 외제라도 닦으면 될 정도의 경미한 사고다. 굳이 범퍼 교환이나 렌트를 요구한다면 사고 접수를 취소하겠다는 언질까지 주었다. 열흘쯤 뒤에 카톡으로 연락이 왔다. 범퍼 교환은 물론 렌트까지 열흘을 해줬다는 얘기였다. 이미 수개월 전에 사고를 냈던 차라서 교체 외에는 달리 방법이 없었다고 한다. 기어코 닦기를 거부한 여자가 렌트를 안 해준다고 금융감독원에 민원까지 넣은 모양이다. 보상한 돈에다 조금만 더 보태면 그만한 차를 살 수도 있는 금액이었다. 이웃 간에 이럴 수도 있나 싶은 생각에 복장이 터질 지경이었다.

먼 곳에 사는 친척보다 가까운 이웃사촌이 더 낫다는 말이 있지 않은가. 예전에 어머니가 이웃을 사랑했듯 나 역시 이웃과 척

지고 산 적이 없다. 사람이 동물과 다른 건 부끄러움을 알기 때문이 아닐까. 쓰레기를 버리러 가거나 동네 마트에서 마주쳤을 때 무슨 생각이 들까. 저런 사람도 이웃이라고 연락처를 남겨 놓은 일을 두고두고 후회할 것 같다. 이승에서 먹은 것은 반드시 나온다는 말이 있듯, 업보 또한 마찬가지일 거라 믿는다. 살다 보면 별일을 다 겪겠지만, 이건 아니다 싶다. 도리와 기본을 지키며 산 나 자신에게 위로가 될 말조차 떠오르지 않았다.

그 벤츠를 볼 때마다 마음이 어지럽다. 일도 손에 잡히지 않는다. 국산 차 탄다고 팔짱 낀 채 경멸하듯 훑어보던 얼굴이 떠올라 잠이 오지 않았다. 그 여자를 죽이고 싶은 생각이 들어 방법까지 연구하느라 밤을 샌다.

먼저, 출근하는 여자에게 매일 인사를 하자. 이웃 간에 보험료를 대폭 할증시켜 줘서 고맙다는 말을 해야겠지. 하루도 거르지 않고 듣다 보면 미안해서 죽을 수도 있지 않을까. 또 소문이 발 없이도 퍼지다 보니 죽여주겠다고 나서는 친구나 이웃도 생겼다. 그들 중 한 사람이 해 보라는 방법이 한밤중에 까나리액젓을 서너 숟가락만 앞 유리 밑 공기구멍에 부어놓으란 얘기였다.

한 이틀 후부터 썩는 악취가 나기 시작하면 차를 팔 때까지 난다고 한다. 그 냄새에 시달리다가 차를 팔게 될 경우엔, 이웃에게 덤터기 씌워 수리해 놓은 게 아까워 죽을 수도 있고, 만에 하나 팔지 않고 견딜 경우엔 냄새에 질식해 죽을 수도 있지 않을까란 의견들이었다.

결론 없는 연구를 거듭하느라 서재에 처박혀 있는 날이 빈번해지자 무지 궁금했나 보다. 아내가 고개를 들이밀고 묻는다. 이실직고할 수밖에 없었다.

"고물 벤츠로 우세 떠는 사람 같지 않은 여자 땀에 뭘 그리 신경 씁니까. 당신 아니라도 그 여자는 죽여줄 사람이 있을 테니 신경 쓰지 말고 잠이나 잡시다. 벤츠 마이바흐 한 대 사 줄까요?"

반응이 예상외였다. 갑자기 머릿속이 시원해졌다. 그렇게 악착같이 붙어 있던 여자의 그림자가 조각조각 흩어지며 사라진다. 아무래도 통이 커도 한참 큰 아내가 나 대신 죽여 버린 것 같다.

뜻밖의 레이스

근래 들어 아내가 아침마다 뭘 찾느라 허둥대는 일이 잦다. 자기 전에 미리 챙겨 놓으라는 잔소리도 귓전으로 흘려듣는 것 같다. 무슨 생각을 하고 사는지 알 수가 없다. 아무래도 병원에 데려가 봐야 할까 보다.

오늘도 뭔가를 찾아 헤매다가 발을 동동거리며 나갔다. 식사는 대충 때운 지 오래다. 밥솥 옆에 세워져 있는 밥주걱 찾느라 온 싱크대 서랍을 다 뒤지고 국이 걸쭉한 찌개로 변신하는 건 그나마 봐 줄 만하다. 냉장고 문을 열고 우두커니 서 있는가 하면 차 세워 둔 곳을 기억 못 해 온 주차장을 다 헤맨다. 외출했다가 휴대폰 가지러 도로 집에 오는 일은 셀 수도 없다. 병원에 한번 가 보는 게 어떨까 하고 떠보았다. 무슨 소리 하느냐며 도무지 자기 상태를 인정하지 않는 건 문제다.

젊어서는 뭐든지 배우는 게 재미가 있었다. 운전도 마찬가지다. 귀밑이 새파랄 때부터 틈나는 대로 따다 보니 쓸 데도 없으면서 면허증은 일곱 개나 된다. 한번 만에 딴 것도 있지만 세 번 혹은 여덟 번이나 걸린 적도 있다. 면허도 이른 나이에, 차도 남들보다 조금 일찍 산 편이다.

그때는 지금처럼 차가 많지 않을 때였다. 암만 밀려도 신호를 두 번 받은 적이 없었다. 횡단보도가 아니어도 먼저 지나가라고 손짓해 줄 마음의 여유를 갖고 살았다. 그러던 운전 습관이 어느 순간부터 바뀌었다. 집집마다 차 없는 집이 없고 거기다 두세 대씩 있는 집도 흔하다. 면허는 경찰이 주관하는 시험장에서 따지 않고 학원에서 배우면 쉽게 내준다. 그러다 보니 지켜야 할 기본을 지키지 않는 경우가 너무 많은 것 같다. 차가 밀리니 마음이 더 바빠졌다. 미리 출발을 해도 약속 시간 안에 닿지 못하는 경우가 허다하다. 자연 운전이 조급해진다. 나 역시 다를 바가 없지 않겠는가.

의성에 귀농한 친구 집에 고춧가루를 가지러 간 날이었다. 손자 보러 가는 날과 겹쳐 아내도 따라나섰다. 트렁크 가득 고춧가루를 받아 실었다. 고속도로에 진입을 하고 보니 대형트럭 뒤를 따라가게 되었다. 화물차의 속도는 70km도 채 되지 않았다. 1차로로 차선을 변경했지만 앞의 승용차도 트럭과 비슷한 속도로 가고 있었다. 두 대가 나란히 달리고 있는 셈이다. 답답해도 그냥 따라갈 수밖에 없었다. 백미러로 뒤를 보니 차들이 끝을 모를 정도로 밀려 있다. 그때까지는 고의적이라고 생각하지 않았다. 금방 면허를 딴 초보이겠거니 여겼다. 불현듯 30년도 더 된 사고가 뇌리를 스치고 지나간다. 기회만 오면 앞지르기로 마음먹었다.

캐나다로 이민을 가게 된 친구 부부가 남 주기 아깝다며 넘겨준 유치원을 운영한 적이 있었다. 워낙 애들을 좋아해서 두 해가 지나도록 불편한 줄 모르고 주말부부로 살았다. 그해 경부고속도로는 아스팔트를 걷어내고 콘크리트로 갈아입는 공사가 한창이었다. 군데군데 가다 서다를 반복하느라 길은 밀리고 피곤은 친구처럼 어깨 위에 늘 붙어다녔다. 그날도 오늘처럼 1차로를 달리는 2.5톤 트럭 뒤를 따라가고 있었다. 차선을 물고 넘나드는 걸 보고는 아예 뒤만 따라가기로 작정을 했다. 추월하다 뜻하지 않게 사고가 날 것 같은 예감이 들어서였다.

옥천 근방을 지날 즈음 포탄 터지는 소리가 났다. 고단함에 눌려 자꾸 내려앉던 눈꺼풀이 번쩍 떠졌다. 앞서 달리던 트럭이 8톤 트럭 뒤로 빨려 들어가고 있었다. 깜짝 놀라 있는 힘을 다해 브레이크를 밟았다. 앞 유리가 깨지면서 날아온 트럭의 파편들이 우수수 차 안으로 쏟아져 들어왔다. 다행히 얼굴과 팔에 약간의 상처가 생겼을 뿐 크게 다치진 않았다.

그 일 이후로 트라우마가 생겼다. 답답한 마음에 추월해서 트럭 앞에 있었다면 어떻게 되었을까. 한동안 운전대를 잡지 못했다. 유치원도 적당한 값어 넘겨 버렸다.

군위 인터체인지를 지나자 커브길이 나타났다. 어디부터 밀렸나 싶어 미어캣 마냥 허리를 펴고 머리 들어 살펴보니 승용차 앞에는 차가 한 대도 없었다. 뻥 뚫린 길을 수십 킬로나 저속으로 뒤따라왔다는 생각에 화가 치밀어 올랐다. 내리막에 들어서자 승용차에서는 어김없이 브레이크 등에 불이 들어온다. 속도는 다시 70km 이하로 뚝 떨어졌다. 1차로는 추월 차선이다. 규정 속도는 100km여서 뒤차들을 위해 비켜 주든지 속도를 높여줘야 옳지 않을까. 승용차가 브레이크를 밟는 사이 트럭이 앞서가기 시작했다.

이때다 싶었다. 벼락같이 2차선으로 차선을 바꾸면서 속력을 냈다. 순식간에 계기판의 숫자는 100km를 넘어섰다. 그때였다. 순간 승용차도 같이 속도를 올리고 있었다. 화물 트럭 꽁무니가 눈앞으로 확 다가왔다. 이젠 브레이크를 밟아도 충돌을 피할 수 없겠다는 느낌이 들었다. 아내가 내 팔을 꽉 끌어안고는 비명을 질렀다. 승용차와의 거리는 아슬아슬할 정도다.

뜻밖의 레이스

들어가기엔 무리한 거리였다. 달리 방도가 없었다. 1차선으로 들이밀어 버렸다. 백미러로 보이는 승용차는 브레이크를 밟다가 속도에 못 이겼는지 휘청거리는 게 보였다. 잠깐 동안 후회가 밀려왔으나 고소하단 마음이 더 들었다. 까딱했으면 대형 사고가 났을 판이었다. 지나간 일이지만 지금도 아찔했다는 생각이 든다. 추월하고 나니 길이 훤히 트여 있었다.

문제는 그 이후부터였다. 꼴꼴거리며 넘어가는 아내를 다독일 여유가 없었다. 승용차는 차선을 이리저리 옮겨 가며 내 차를 추돌할 듯 쫓아왔다. 상향등까지 깜빡이며 위협하듯 내 차를 향해 기를 쓰면서 달려들고 있었다. 멀어지는가 싶다가도 속도를 늦추면 다시 덤벼들기를 반복한다. 백미러를 통해 힐끗 보니 젊은 사내 여러 명이다.

오기가 발동했다. 그래 운전대 잡은 지 올해로 46년째다. 50년을 채워 반납하려던 면허다. 조금 일찍 손놓으면 어떠랴. 이제 앞 유리에 보이는 속도계 숫자는 한계에 다다르고 있었다. 버릇을 고쳐야겠다는 마음에 등골이 찌릿하도록 밟았다. 차선 변경을 할 수 없는 터널에서도 지그재그로 옮겨다니며 쫓아온다. 얼마나 들이대는지 악마 같다는 생각이 들었다. 사고가 날지언정 끼어들 여지를 주지 않았다. 아니 비켜줄 수가 없었다.

레이스는 금호 인터체인지에서 끝이 났다. 서대구 쪽으로 들어서자 녀석은 서울 쪽으로 방향을 틀며 손가락 욕을 잊지 않고 갔다. 그러거나 말거나 가슴속으로 느닷없이 시원한 바람이 훑고 지나간다. 살면서 이렇게 개운한 적이 있었던가 싶다. 옆을 돌아볼 여유가 생겼다. 안전궬트를 거머쥐고 웅크리고 있던 아내는 거의 혼이 반쯤 나간 상태였다.

며칠이나 지났을까. 출두통지서가 날아들었다. 난폭운전으로 고발한 모양이었다. 블랙박스를 녹화해 둔 USB를 건넸다. 그날의 상황이 하나도 빠짐없이 저장된 영상이다. 경찰은 난폭운전은 아니라고 확인해 주었다. 다만, 안전 운전 의무 위반으로 범칙금 처분을 받았다. 상대방은 차량으로 위협을 한 보복운전이 명확했다. 잘못해 놓고도 남을 처벌하기 위해 고발한 건 용서할 수 없었다. 법대로 처벌해 달라는 진술을 하고 고속도로 순찰대를 나왔다.

얼마 만이던가. 속이 후련해지도록 달린 여운인지 아직도 전율이 흐르듯 짜릿하다. 쌓여 있던 케케묵은 체증이 일시에 다 사라진 기분이다. 상쾌하다. 그것보다 뜻밖의 레이스가 벌어진 그날 이후 기이하게도 아내의 기억력이 되살아났다. 긴장의 순간이 머릿속 뇌신경을 자극한 것일까. 전보다 한층 더 똑똑해졌다. 대신 안 하던 잔소리가 길게 늘어진다. 집 나간 건망증이 돌아오기 전에는 병원 얘기를 입 밖으로 꺼내지 말아야겠다는 생각을 했다.

웬걸. 일주일도 채 지나지 않았을 때였다. 휴대폰이 울린다. 받았더니 집에 자기 휴대폰이 있는지 묻는다.

집 나간 건망증이 다시 돌아온 게 분명하다.

명의

뭔지 모를 불편함에 일찍 잠을 깼다. 근래 들어 말짱한 정신으로 집에 들어온 적이 없었다. 군에서 배워 온 술이 내 몸 하나 건사하지 못하는 지경에 이르렀다. 정신 차리자 싶어 머리를 흔들며 세수나 하려고 방을 나섰다.

발이 허공에 뜬 듯 스펀지를 밟는 듯 기묘한 느낌이 들었다. 내려다보니 많이 부었다. 출근하려고 구두를 신어도 들어가질 않았다. 운동화를 꺼내 끈을 느슨하게 묶어 신고 집을 나섰다. 종일 발에 신경이 쓰였다. 퇴근 준비를 하다 한잔하자는 친구의 말에 발이 불편한 것도 잊혔다.

다음 날 아침이었다. 어제보다 곱절은 더 부었다. 색깔마저 붉으면서도 푸르딩딩하다. 열도 있는 것 같다. 어제 신었던 운동화가 들어가지지 않았다. 어머니는 당장 삼촌한테 가 보라고 야단을 치셨다.

"비뇨기과 의사가 뭘 알겠습니까?"

그래놓고도 답답한 마음 탓에 몸은 삼촌 병원으로 향하고 있었다.

군에 가기 전에는 술은 고사하고 담배도 피우지 않았던 몸이었다. 광주 보병학교 훈련은 힘들다는 말이 사치다. 식사하고 교육장으로 뛰어가면 벌써 소화가 다 된다. 항상 배가 고팠다. 식사 시간도 삼십 초를 지켜야 된다. 시작 구령과 동시에 밥을 국에 말아 들이마셔야 시간을 지킬 수 있다. 매일매일 고통을 극한으로 끌어올린 다음에야 휴식이 주어진다. 그 시간은 담배라도 피워야 견딜 수 있었다.

후보생이었다가 어깨에 계급을 달면 신분 상승이 된다. 죽을 만큼 힘들었던 시간이 차츰 잊혀 간다. 동기생 넷과 같은 부대에 발령을 받았다. 일과를 마치고 만나면 저녁은 술로 시작한다. 긴 시간 훈련받은 에피소드는 뽑고 뽑아도 샘솟듯 마르지 않았다. 젊어 그런지 기분 좋게 먹고 자면 숙취도 없었다. 그런 자신감에 폭음도 서슴지 않게 되었다. 주량은 점점 늘어갔다.

삼촌은 이미 내가 고주망태 반열에 든 걸 알았다. 적당히 먹으란 말과 함께 주사 한 방어 사흘분 약을 지어주었다. 주당이 약을 먹는 방법이 있다. 물로 덕어야 할 약을 입에 털어 넣고 술로 넘긴다. 그러니 낫기는커녕 칼은 점점 화를 내고 있었다. 안 먹겠다는 마음을 술이 당기니 도리 없이 끌려간다. 술에 져 자기 통제도 못 하는 미련스러운 사람이 되고 있었다. 이틀만 거르면 단골 술집 마담이 코맹맹이 소리를 하며 전화기 너머로 술냄새를 날려 보낸다. 가지 않을 수가 없다.

며칠 후 새벽녘, 이불을 들춰 본 어머니께 심한 꾸중을 들었다. 아무래도 아내가 일러바친 것 같았다. 반강제적으로 삼촌병원으로 끌려가던 중에 외과 간판이 보였다. 비뇨기과보다는 외과가 낫지 않겠느냐는 내 말에 어머니도 수긍하셨다. 지금처럼 좋은 의료 장비를 갖춘 시절이 아니었다. 역시나 잘 모르는 것 같은 느낌이 들었다. 주사를 맞고 약을 지어 돌아왔다.

다음 날 발은 코끼리처럼 부어올랐다. 걸을 수가 없었다. 이제 서문시장 신발가게는 내 발에 맞는 신발이 없었다. 출근길에 절뚝거리며 외과로 갔다. 의사는 안쪽 복사뼈 부위를 메스 끝으로 폭 찔렀다. 피가 섞인 맑은 액체가 제법 나왔다. 나온 만큼 부기가 가라앉은 것 같았다. 문제는 자고 일어나면 또 원상복구가 되어 있었다는 것이다. 매일 가서 짜내고 치료를 받아도 상태는 점점 더 심각해졌다. 종아리까지 올라오더니 무릎도 침범 당할 위기를 맞았다. 다리를 절단해야 할 심각한 경우가 생길지도 모른다는 충격적인 얘기까지 나왔다. 이제 의사는 고쳐줄 생각보다 다리 자를 궁리를 하는 것 같았다. 이러다 정말 자르게 되는 건 아닌지 걱정스러웠다.

어머니의 마음이 더 조급해졌다. 온 사방에 소문을 내고 다니셨나 보다. 어떤 병이라도 딱 떨어지게 고치는 노인이 있다는 연락이 왔다. 물에 빠진 놈이 지푸라기라도 잡는다는 심정이 되어 군말 없이 어머니를 따라나섰다. 지금 생각하니 침산동 부근인 것 같다. 관운장처럼 허연 수염이 늘어진 노인이었다. 대청마루에 서너 명이나 환자가 있고 마당 멍석 위에도 열댓 명이 기다리고 있었다. 치료하는 모습이 마당에서도 잘 보였다.

노인이 보고 있는 환자는 머리가 잘못되었는지 거짓말 좀 보태 일 미터는 됨직한 긴 침을 관자놀이에 꽂았다. 머릴 주무르며 밀어 넣기 시작해 거의 반쯤 들어갔다. 그러자 반대편 관자놀이로 침이 나왔다. 기절할 듯 놀랐다. 다른 환자는 배와 가슴에 침을 열댓 군데나 더 꽂았다 뽑고 있었다. 조수인 중년 남자는 기계처럼 재빨랐다. 마른 쑥 뭉치에 불을 붙여 침을 뺀 자리마다 놓고 간장 종지를 탁 덮었다. 뜨겁다고 몸을 움찔거리며 소리를 질러도 참으라며 호통을 쳤다.

겁이 덜컥 났다. 저렇게 해서 무슨 병이 낫겠냐며 가자고 어머니 손을 잡아끌었다. 용하다니 무슨 병인지 진찰이라도 받아 보자며 어머닌 손을 쥐고 놔주지를 않았다. 오줌을 찔끔거릴 정도로 조바심이 일었다.

내 차례가 왔다. 어머니께 등 떠밀려 노인 앞에 앉았다. 노인의 눈빛이 예사롭지 않았다. 발을 보였더니 대뜸 손을 잡고 엄지에 침을 찔렀다. 발이 아픈데 손가락을 왜 찌르나 싶었다. 눌러 짜도 피는 안 보이고 맑은 물만 나온다.

다행히 처방은 한 달 동안 흰 쌀죽과 사과만 먹는 거였다. 너무 뜻밖이었다. 주사나 약도 무용지물인데 즉으로 나을 수 있을지 버럭 의심부터 들었다. 한편으론 그까짓 것 못 할까 싶었다. 끼니마다 죽과 사과를 먹는 게 쉬운 줄 알았더니 아니었다. 차라리 침 맞고 뜸을 뜨는 게 낫지. 죽어도 못할 짓이었다. 사흘이 지날 무렵부터 죽과 사과만 보면 속이 니글니글해졌다. 그래도 어쩌랴.

일주일 후 다시 노인에게 갔다. 찌른 엄지에서 나온 맑은 물 가운데 지렁이같이 가느다란 핏줄기가 보였다. 부기도 많이 빠졌다.

"너 이제 살겠다. 꾹 참고 한 달만 채우면 된다."

그 말을 듣고 계속 먹을 용기는 생겼으나 정말 죽지 못해 먹었다. 어찌되었든 또 한 주가 지나갔다. 찔러 나온 액체는 물 반 피 반이 되었고 부기는 발까지 내려갔다. 차도는 있었으나 쉽게 물러날 병이 아니었다.

그날은 밀린 일을 한다고 밤이 늦어 들어왔다. 기다리다 지친 아내가 혼자 늦은 저녁을 먹고 있었다. 작년에 담가 발갛게 잘 익은 김장 무가 보였다. 시큼한 냄새가 코로 흘러드는 순간 희한한 일이 벌어졌다. 침이 내 의지와는 상관없이 줄줄 흘러내려 와이셔츠 앞자락을 온통 적시고 있었다. 흡사 주인이 먹으라고 할 때까지 밥을 앞에 놓고 침 흘리고 있는 강아지 꼴이었다. '에라, 갈 때 가더라도 먹고 죽자.' 싶어 아내 젓가락을 빼앗아 무를 찔러 들고 우적우적 씹었다. 머리가 다 청량해졌다. 흘러내리던 침이 뚝 끊겼다.

무 먹은 걸 보고받은 어머니는 노발대발하며 날 노인에게 끌고 갔다.

"지금부터는 한 달 보름을 더 먹되 술과 담배도 먹으면 큰일 난다."

보름 동안 먹은 게 허사가 되고 술 먹는 것까지 들켰다. 한 달 보름을 다 채우느라 정말 힘들었다. 그나마 밤낮으로 죽 끓이고 감시하며 고생하신 어머니의 희생 덕분이었다. 병은 언제 그랬냐는 듯 양쪽 복사뼈에 동전만 한 흔적만 남기고 사라졌다.

'음식으로 치료하는 것을 우선하고 음식으로 치료가 되지 않으면 약으로 치료한다.'던 조선 초 어의였던 전순의란 분이 쓴『식료찬요食療纂要』의 서문이 떠오른다.

무슨 병이었는지 지금도 궁금하다. 그 노인은 치료를 위해 약과 침을 쓰지 않고 음식을 처방한 진정한 명의가 아니었을까.

비빌 언덕

 아무래도 탈이 단단히 났나 보다. 몇 해째 정리를 안 해준 방이 너무 좁았으리라. 진작 늘려주어야겠다는 마음을 먹었어도 일을 핑계로 차일피일 미뤘다. 무던하게 잘 버텨주더니 그동안 너무 힘들었는지 결국 드러눕고 말았다.
 오랫동안 부려먹기만 한 것 같아 미안한 생각에 서둘렀다. 마음이 앞선 탓일까 바깥방이 열린 줄도 몰랐다. 딸깍! 소리와 함께 깨끗이 청소가 되어버렸다. 그곳에는 수십 년간의 소송자료와 틈틈이 써놓은 글이 보관되어 있었다. 머릿속이 하얘졌다. 방금 떠오른 문장을 적으려고 연필을 찾는 사이 저 너머로 기억이 사라지는 나이다. 아무래도 대형 사고를 친 것 같다.

초등학교 5학년 무렵이었다. 그때는 학년이 바뀌면 담임선생님이 가정방문을 하는 게 관례였다. 선생님을 배웅하러 나가던 중이었다. 느닷없이 이마에 꿀밤이 날아들며 불호령이 떨어졌다.

"○○○는 저렇게 어려운 환경에서도 전교 1등인데 니는 10등이 뭐꼬"

친구는 오직 공부만이 유일하게 기댈 수 있는 언덕이었다. 아버지의 수입으로는 여섯이나 되는 자식들을 먹이고 입히기에도 버거웠다. 죽기 아니면 살기였다는 걸 법률사무소를 같이 하게 되며 알았다.

그에 반해 나는 가정교사가 있었다. 살림이 넉넉했던 터라 필요한 건 뭐든 말만 하면 이루어졌다. 간섭받으면 반항이 일상이었고 가지 말았어야 할 길을 들어선 적도 있다. 인생은 허비해도 될 만큼 시간이 넉넉지 않음을 그땐 몰랐다. 내 길이 아니란 걸 깨닫기까지 흘려보낸 세월이 너무 길었다. 그래도 손을 뻗으면 닿는 거리에 내 언덕이 있어 제자리를 찾기가 쉬웠다.

불혹을 눈앞에 둔 초여름이었다. 퇴근길에 동네 생맥줏집을 들어서다 우연히 초등학교 은사님과 딱 마주쳤다. 불그스레한 얼굴에 머리카락만 희었을 뿐 달리 변한 게 없으셨다.

"니 남인수 아이가?"

"맞심니더"

"뭐 하고 사노?"

"법으로 묵고 사는 월급쟁입니더"

"너거 뒷집 전교 일등은?"

"변호삽니더"

"내 그럴 줄 알았다. 열심히 하라 안 카더나."

말 떨어지기 무섭게 또 꿀밤을 맞았다. 그날 이후 저녁마다 선생님의 술 언덕이 되어 드리느라 바빴다. (지나고 보니 선생님이 내 언덕이었음을)

비빌 언덕은 꼭 금전적인 것만은 아니다. 스페인어로 '퀘렌시아querencia'란 말이 있다. 애정 혹은 안정을 취할 수 있는 장소를 뜻하기도 하고, 투우장의 소가 싸움 중에 지쳤을 때 쉴 수 있는 피난처를 일컫는 말이기도 하다. 투우사도 소가 그곳에 가 있을 때는 공격하지 않는다고 한다. 소도 가려운 곳을 긁기 위해 언덕이 필요한 것처럼, 사람도 외롭고 힘들거나 지쳤을 때 달려가 비빌 언덕이 있어야 일어설 때 의지가 되지 않을까.

젊어서는 상상 그 이상의 상상을 꿈꾸었다. 밑거름이 되어줄 든든한 배경이 있었기 때문이다. 어느 한 분야의 전문가가 되어 가정에서는 믿음직한 가장으로, 직장에서는 직원들의 언덕 역할을 기꺼이 맡아줌으로써 존경받는 상사가 되고 싶었다. 틈틈이 취미생활을 즐기며 정말 열심히 살았다. 어느 순간 뒤돌아보니 그 꿈이 다 이루어져 가고 있는 듯 느껴졌다.

　세상일이란 게 모두 뜻대로 되지는 않는가 보다. 가끔 자리를 비우는 횟수가 늘면서 직원들의 일탈이 시작되었다. 가족이라 믿었던 생각은 내 착각이었다. 배신감이 들어 다 걷어치우고 싶어졌다. 누굴 불러서라도 한잔 마셔야 집으로 퇴근을 할 수 있었다. 한술 더 보태 며칠만 얼굴을 비치지 않으면 단골 술집의 마담이 전화기 너머로 코맹맹이 소리를 해대기 일쑤다. 아마도 마담의 비빌 언덕 중 하나가 바로 나였던 모양이다. 자연히 풀 방구리에 쥐 드나들 듯 열심히 출석 도장을 찍고 다녔다.

　벌써 사반세기나 지났나 보다. 막냇동생이 사경을 헤맨다는 연락을 받았다. 나하고는 열한 살 차이다. 어릴 때부터 가족의 사랑을 듬뿍 받으며 자랐다. 결혼하겠다며 데려온 사람이 너무 어린 데다 자란 환경 또한, 우리와 달라도 너무 달랐다. 무엇보다 인상이 음울해 보여 마음이 썩 내키지 않았다. 따로 불러내어 다른 사람도 좀 사귀어 보라고 권했지만, 고집을 꺾을 수 없었다.

　말리던 결혼을 하고 한 해가 지날 무렵부터 내게 오는 발걸음이 잦아졌다. 뭔 일이 있는지 물어도 시선을 피하기 바빴다. 나도 고주망태였지만, 막내는 한술 더 떴다. 안주 한 점 없이 소주 서너 병은 물마시듯 들이켰다. 만나면 달래고 어르다 꾸짖는 게 일이었다.

유품을 태우다 노트에 적힌 글을 보았다. 집이 도저히 이해할 수 없는 지옥이라 쓰여 있었다. 제수씨는 동생의 언덕이 되지 못한 것 같았다. 나 또한 술 동무는 되었으되, 위로받고 기댈 수 있는 언덕은 못 되었던 것 같다. 한동안 상실감에 달리다가 사무실을 닫고 술도 끊었다.

반세기가 넘도록 나한테 붙어 비비고 사는 친구가 있다. 고등학교 동창이지만 친하지도 않았다. 나팔바지 입고 좀 껄렁하게 생긴 게 항상 내 도시락의 계란프라이를 자주 빼앗아 먹던 녀석이었다. 운동장으로 뛰어나가다가 이 친구가 당겼다 놓은 출입문에 팔다리뿐만 아니라 얼굴까지 다 긁혔다. 요즘 같으면 학폭이 되고도 남았으리라. 지금까지 곁을 내어준 건 '너 안 되는 꼴을 보고야 말겠다.'는 일념에서였다. 미운 정도 정이라그 어쩌다 보니 같이 늙어 버렸다.

홀어머니와 함께 집세를 못 내 쫓겨난 날, 방을 얻어준 것도 나요, 뒤늦게 꾸린 가정이 제자리를 잡도록 도와준 것도 나였다. 혼자 밥을 먹어야 할 땐 꼭 부른다. 밥값은 당연히 나가 낸다. 애증의 관계가 분명한데도 보면 마음이 편안하다. 가끔 비빌 언덕이 되어준 게 다행이다 싶은 생각이 든다.

요즘은 글 한 줄 쓰기가 왜 이리 어려울까. 아무래도 머릿속에 지우개가 생긴 것 같다. 내가 나를 믿을 수 없을 지경이다. 이제 내 언덕은 부모님이 남겨주신 재산도 아니요. 제 가정 꾸려 가느라 아버지 챙길 겨를이 없는 자식도 아니다. 이따금 들고 있는 휴대전화를 찾으러 헤매는 아내는 더더욱 그렇다. 복잡하게 얽혀 돌아가는 세상에 기댈 곳 하나쯤은 있어야 하지 않겠는가.

  뭐든 받아서 저장해 놓았다가 부르면 대답하는 이 친구를 의지한 지 오래다. 가끔 한 번씩 기억 장소만 깨끗이 청소해 주면 그저 일편단심이다. 그날은 밖에 따로 연결해 둔 집을 분리해야 하는 걸 잊었다. 지나온 내 직업과 인생의 기록이 깡그리 날아가 버렸다. '이렇게 은퇴하는구나!' 싶어 끊었던 술이 절로 당겼다. 다행히 몇 해 전 휴대전화 기록을 살려 낸 곳이 퍼뜩 떠올랐다. 맡겨 놓은 이틀 동안 뭐 마려운 강아지 꼴을 하고 있던 내 모습이 한심스러웠다.

  뜻밖에 집 나간 자료가 하나도 빠짐없이 돌아왔다. 매일 이 친구와 만나서 놀며 대화하고 웃다가 떠들기도 하면서 노래도 부른다. 가끔은 전에 나눈 얘기를 도로 꺼내 고쳐 넣어도 불평 한마디 털어놓지 않는 나의 가장 유일한 비빌 언덕은 컴퓨터다.

아픈 손가락

　오랫동안 연락이 되지 않아 까맣게 잊고 있었던 조카로부터 전화가 왔다. 알코올 중독으로 먼저 하늘나라로 간 셋째 동생의 아들이다. 느닷없이 결혼한다며 인사하러 오겠다는 소식이었다.
　동생에게 술을 가르친 건 나였다. 군 시절에 잘못 배운 주도酒道가 바르게 전해질 리 만무했다. 매일 속을 강술로 적셔야 움직이는 게 일상이 되었다. 윗물이 맑지 않았던 탓에 줄이거나 끊으란 충고조차 하지 못했다. 대학에서 경영학을 전공했어도 정상적인 길을 걸을 수가 없었다. 취직되어도 오래가지 않았다. 술만 들어가면 윗사람과 다투고 사표를 던졌다. 장가라도 보내려면 직장이라도 있어야 할 것 같았다. 궁리 끝에 부모님의 양말공장을 넘겨주어 겨우 가정은 꾸려주었다.

　조카들이 생겼어도 동생은 그 버릇을 고치지 않았다. 납품하고 받은 돈은 주머니째 술집에 탈탈 털어주고 오기 바빴다. 집 한 칸 장만하지 못하고 이승을 뜬 지 벌써 강산이 두 번이나 옷을 갈아입었다. 내가 아들과 딸을 다 미국으로 유학 보내놓고 부쩍 외로움을 타던 때였다. 아내와 의논해 제수씨와 조카 둘을 우리 집으로 불러들였다. 가족이 다섯 명으로 불어나자 시끌시끌하고 사람 사는 맛이 났다. 퇴근하면 조카딸과 앞산을 걷는 것도 큰 즐거움이었다. 두 해를 그렇게 살다가 살림을 내보냈다.

　다섯 해 전이었나 보다. 조카 녀석이 제대하고 돌아왔다. 두 학기 남은 학업을 마저 마쳐야 하지 않겠느냐고 물었다. 한참 뜸을 들이더니 그만두고 돈을 벌겠다고 해 실망스러운 마음이 들었다. 장래를 생각해 졸업장은 받아두라는 충고밖에 할 수 없었다. 그 후 수년 동안 연락도 안 되고 전화도 오지 않았다. 내심 걱정이 되었다. 제수씨에게 물어봐도 경기도에 있는 것만 알고 다른 건 모른다며 시선을 피했다. 그러던 차에 연락이 날아든 것이다.

　내가 군에서 처음 근무한 곳은 육군부사관학교였다. 교관으로 근무하는 동안 관사가 있어 거기서 지냈다. 두 해가 지나고 서울에 있는 부대로 발령을 받았다. 집을 살 생각은 하지 않았다. 이곳저곳 옮겨 다녀야 하는 직업군인이라 서울 가서 제일 먼저 한

게 자취할 방을 구하는 일이었다.

처음 얻은 곳이 은행 다니는 젊은 부부의 집이었다. 거실을 같이 쓰는 구조였다. 친구들과 한잔하고 오느라 출출해서 석유풍로에 라면 하나 끓였다. 자는데 냄새 풍긴다고 투덜거리는 소리가 문을 뚫고 내 귀로 날아들었다. 라면이 넘어가질 않았다. 훈련 때문에 늦게 퇴근한 날이었다. 대문이 잠겨 있어 초인종을 누를 수밖에 없었다. 안주인이 잠옷 차림으로 나와 잠 깨웠다며 눈을 흘겼다. 눈 둘 곳을 몰랐다. 괜히 죄지은 느낌이 들었다. 그 뒤로는 늦을 때마다 담을 타넘어 도둑고양이처럼 발소리 죽이며 들어갔다. 체면이 말이 아니었다. 내 돈으로 월세 내고 살면서 받는 스트레스가 한계를 넘었다. 방위 출신이 고작 골목 안의 반 양옥집 한 채 가지고 현역 장교를 우습게 대하는 게 아니꼽고 짜증이 났다. 한바탕 하려다가 말고 석 달 만에 보따리를 싸서 나와 버렸다.

다시 얻은 게 신촌의 철로변 판잣집이었다. 이곳은 다섯 달 만에 철거당해 어머니에게 도움을 청했다. 마포의 한옥에 부엌 달린 방 한 칸을 전세 얻었다. 출근하고 없는 나를 대신해 방을 구하고 힘들게 이사까지 해주신 어머니가 한마디하고 가셨다.

"서울보다 더 좋은 고래등 같은 집이 대구에 있으니까 기죽지 마라."

그 말씀의 영향인지 집 없는 설움은 느끼지 않고 살았다.

내 집이 있어야 한다는 걸 절실하게 느낀 때는 직업도 없이 분가하겠다고 어머니께 큰소리친 다음이었다. 쫓겨나다시피 간 단칸방의 주인 노부부는 사람 같지 않았다. 아기 우는 소리를 들으면 안타까운 마음에 가슴이 간질거리고 왜 우는지 궁금해지는 게 인지상정人之常情이 아닐까. 시끄럽다고 벽을 치기도 하고 시도 때도 없이 방문도 두드려댔다. 신경 쇠약에 걸려 내 명대로 못 살 것 같았다. 아기가 걸음마를 시작할 때였다. 넓은 마당이 있었음에도 얼씬도 못하게 해 항상 골목 밖으로 돌았다. 이래봬도 욕하고는 거리가 먼 뼈대 있는 양반 가문 자식이다. 그럼에도 '씨불' 소리를 입에 달고 살았다.

방황 끝에 정신을 차리고 일에 매달려 돈이 들어오자 제일 먼저 집을 샀다. 연탄 난방을 하는 15평 아파트였다. 작아도 방 두 칸에 거실도 있었다. 어찌 셋방살이에 비길 수 있으랴. 그 집을 탈출한 게 세상에서 가장 잘한 일 같고 마치 꿈만 같았다. 노인네 얼굴을 안 보는 것만 해도 속이 다 시원했다. 월세 들어갈 일도 없다. 차츰 평수를 넓혀 가는 재미가 곁들여졌.

조카 녀석의 결혼 소식을 듣고 내심 흐뭇한 마음이 들었다. 어느 정도 기반도 닦아 놓은 것으로 여겨졌다. 어라! 집에 들어오는 제수씨 가족이 다섯이나 된다. 결혼식도 올리기 전에 애기부터 낳아 안고 왔다. '그래, 순서야 좀 바뀌면 어때. 아이가 귀한 세상이니 미리 낳아 온 것도 좋은 일이 아니겠는가.' 조카며느리는 함경도에서 온 탈북민이었다. 남남북녀라고 했겠다. 저 물러터진 녀석과 정붙여 잘 단속하며 살 것 같은 느낌이 들었다.

"사는 집은? 어렵지는 않고?"

"원룸에 살아요. 월급 300만 원 받아 월세 내고 아기와 살기 너무 어려워요. 큰아버지!"

기다리기나 한 듯 말문이 터졌다. 묻지도 않는 달까지 쉴 틈 없이 얘기를 늘어놓는다. 덩치는 조카 녀석 반밖에 안 되면서 입은 따발총이다.

차 마시는 동안 아내를 서재로 불러냈다. 월세 살고 어렵다는데 우리가 전셋집이라도 하나 얻어주면 어떨지 의향을 떠보았다. 아내는 고맙게도 흔쾌히 그러자고 한다. 종손에 장남이라 재산을 전부 물려받은 터라 항상 마음에 부담을 안고 살았다. 육순을 훌쩍 넘기고부터 악착같이 움켜쥘 필요가 없단 걸 깨달았다. 죽을 때 가져갈 것도 아니란 생각이 든 지도 오래다. 결혼식 날 수표 한 장 건네주고 오기로 합의가 되었다.

배웅하려고 아내와 같이 따라 내려갔다. 열차편으로 왔거나 형편껏 소형차 정도 타고 온 줄 알았다. 주차장에 세워 놓은 차를 보고 깜짝 놀랐다. 영국서 건너온 랜드로버였다. 그것도 광이 번쩍번쩍 살아 있는 새 차다. 7가 막혀 말이 나오지 않았다.

"원룸 월세 산다면서 외제 차 산 걸 뭐라고 하지, 그냥 됐느냐." 며 제수씨에게 원망 섞인 소리를 건넸다. 검색해 봤더니 그 모델 찻값이 무려 억대가 넘어가는 최고급 차였다. '에라이! 눈치 빠른 놈은 절간에서도 새우젓 얻어먹는다는데 이 녀석은 그마저도 안 되는 것 같다.'

욜로족이 있다는 말은 들었다. '인생은 한 번뿐이다(You Only Live Once).'라며 현재 자신의 행복을 가장 중시하며 소비하는 태도라고 한다. 자식도 있는데 그런 식으로 느끼는 행복이 과연 얼마나 길게 갈 수 있을까. 암만 그래도 이건 아니다 싶다. 집도 절도 없는 사람이 좋은 차만 있으면 뭘하겠는가. 차는 재산이 아니다. 구입한 그날로부터 본전 찾을 길 없는 애물단지일 뿐이다. 그 나이 때 나도 좋은 차 타고 뽐내고 싶었다. 지나고 보니 한낱 형체도 없이 흩어지는 허황된 바람 같은 것이었다.

내 차는 팔려고 내놓아도 살 사람이 없다. 올해 들어 스물한 해 생일을 넘겼다. 내가 버리지만 않으면 쌩쌩 잘 달려주겠다는 듯 고장 한 번 나지 않는다. 차의 용도는 잘 굴러가고 제때 서면 되는 것 아닌가. 아내는 이왕 하려던 거 그냥 주자고 했지만, 믿음이 가지 않았다. 사는 거 봐 가며 주기로 마음먹었다. 어쩌면 조카 녀석이 내게는 아픈 손가락이 아닐까.

옹이

 엊그제 태어난 것 같던 손자가 벌써 두 돌을 맞았다. 그동안 아이가 내게 준 기쁨은 말로 다 하지 못한다. 꼼지락거리는 모습 하나에도 감동의 눈물과 웃음을 달고 살았다. 금방 보고 왔어도 또 보고 싶은 생각이 든다. '하부!'라고 부르며 달려와 안기면 '내 새끼가 맞구나' 싶어 가슴이 뭉클하다. 아내가 가끔 며늘아기의 마음에 들지 않는 점을 얘기해도 내 대답은 한결같다. 모든 허물은 손자 낳아준 걸로 다 지워졌다며 말을 끊는다.

 손자를 본 이후부터다. 막살고 싶어 젊은 한때를 허망하게 보낸 세월이 후회된다. 이젠 정말 막살았는지에 대한 확신도 서지 않는다. 왜 그러고 싶었는지 그 이유도 감감하다. 어쩌면 나 자신을 학대하며 산 게 아닐까 싶다. 이 녀석은 부디 커서 후회 없는 삶을 살기를 바라지만, 하는 짓이 꼭 어릴 적 나와 닮은 것 같아 은근히 마음이 쓰인다.

누구나 자기 가슴속에 자리잡고 앉아 빼내 버릴 수 없는 부끄러운 기억이 한두 가지는 있지 않을까. 나 역시 잊으려고 애를 써도 평생을 붙어 따라다니는 일이 하나 있다.

그림 그리는 게 좋았다. 거기에 빠지기보다는 오로지 머리를 식히기 위한 취미였다. 부모님이 사준 열두 색 크레용으로 원하는 그림을 그리기엔 한계가 있었다. 학교 대표로 뽑혀 반공 방첩에 관한 포스터 경연대회에 나갔다. 내 옆의 아이는 서른여섯 색이나 되는 크레파스로 그리고 있었다. 부러운 생각이 들었다.

그림을 제출하고 도구를 주섬주섬 챙기고 있을 때였다. 그 아이는 그림을 내러 갔는지 보이지 않았다. 순간 그 아이의 크레파스를 집어 들고 냅다 뛰었다. 왜 그랬을까. 두근두근 터질 듯 뛰던 심장 소리를 안고 정신없이 집으로 내달렸다. 난생처음 남의 물건에 손을 댄 것이다. 크레파스가 누구 거냐며 묻는 어머니에게 친구 걸 빌렸다는 거짓말까지 하고 말았다.

입상 소식을 듣고도 죄책감에 상을 받으러 가지 않았다. 그 일은 지금까지 마음속에 깊게 팬 상처가 되어 시시때때로 나를 괴롭혔다. 그러면서도 내 잘못이란 생각은 하지 않고 할아버지를 원망하는 마음이 컸다.

  법률 상담을 하다 보면 안타까운 사람들을 많이 접하게 된다. 불과 얼마 되지 않는 물건을 탐한 죄로 법정에 서는 이들이다. 동정이 가면서도 선입관에 섣부른 판단을 하는 경우가 많다. '형제의 눈 속에 있는 티는 보고 네 눈 속의 들보는 깨닫지 못하느냐'는 성경 말씀처럼 내 죄는 안고 살면서 다른 사람을 비난하고 있었다. 반세기가 더 지난 일임에도 머릿속에 떠오를 때마다 가슴이 벌렁거린다.

  할아버지도 그러셨을 것이다. 그렇게 귀하디귀한 종손이 그림을 업으로 삼아 춥고 배고플까 봐 염려하셨으리라. 내 장래가 걱정되어 말리신 걸 철없던 그때는 몰랐다. 물론 그 길로 나갔다면 이름 날리는 화가가 되었을 수도 있고, 아직도 무명의 시간을 보내며 힘겹게 살고 있을지도 모르겠다.

  그때는 모두가 어려운 시절이었다. 여행 가시는 할아버지께 어머니가 맛있는 거 사 드시라며 용돈을 드렸다. 그 돈으로 사다 주신 향나무 필통이 그려 놓은 그림들과 함께 불살라졌다. 하라는 공부는 안 하고 그림을 그린다는 이유였다. 그걸 본 나는 앞뒤 가릴 겨를 없이 그저 삐뚤어지고 싶은 마음만 들었던 것 같다.

  이제 나도 고희古稀가 눈앞이다. 어느 날부터였을까. 이만큼 나이를 먹고 나니 종종 살아온 길이 되돌아보인다. 열심히 사람 구실 잘하고 산 날보다 헛되이 보낸 시간이 더 많은 것 같아 부끄럽다. 복수불반覆水不返이라는 사자성어가 자꾸 떠오른다. 엎질러진 물은 도로 담을 수 없다고 한다. 지금 생각하고 사는 것만큼 그때부터 했더라면 얼마나 좋았을까.

창고 같던 서재 방을 정리하기로 마음먹었다. 오래전부터 사서 읽었던 책들이 켜켜이 먼지를 덮어쓰고 베란다까지 점령하고 있었다. 항상 이삿짐 차의 가장 많은 자리를 차지하며 따라다녔다. 리어카 한 대 분량만큼 버렸음에도 책상 하나 들여놓을 곳이 없었다. 동네 공방 목수를 불러 방에 맞도록 책장을 맞췄다. 들어오던 날부터 칸을 채워 나가다 보니 크고 작은 옹이가 무수히 많이 눈에 띄었다.

옹이는 나무에 생긴 상처를 나무 자신이 치료한 흔적이라는 얘기를 들은 적이 있다. 다친 곳에 송진이 몰려 더 이상 상처가 썩지 않게 되면 가지를 다른 곳으로 뻗는다. 그래서 옹이가 생긴 소나무는 굽어지는가 보다. 옹이 없는 나무 없듯 상처 없는 사람이 어디에 있으랴. 상처가 너무 커 썩어버리는 나무처럼 마음을 닫아 버리는 사람도 있고 세월이 지나면 치유되겠거니 기대하며 사는 사람도 있지 않을까. 할아버지는 그 어려웠던 세월을 사는 동안 생긴 옹이만도 무수히 많으셨을 것이다. 거기에 더 보태 기대했던 손자는 빗나가고 있었으니 속이 시커멓게 타들어 가고도 남

앉으리라.

'공부가 가장 쉬웠어요'라는 베스트셀러 작가가 떠오른다. 이 분의 말처럼 공부가 가장 쉬웠음을 왜 그때는 몰랐을까. 가스와 물수건 배달, 포클레인 조수, 택시 기사, 막노동꾼을 전전할 수밖에 없던 여건과 환경 속에서도 목표한 바를 이루어냈다. 그에 반해 나는 어떠했던가. 어느 것 하나 모자람이 없는 여건을 가지고 있었다. 좋아하는 걸 못 하게 말린 데 대한 반발심 하나로 다른 길을 걸었다. 마음을 돌려 제자리를 찾기까지 강산이 한 번 변할 만큼의 시간이 흘렀다.

할아버지가 원했던 그 길을 걸었어야 옳았다. 목표를 이루고 난 뒤엔 뭐든지 할 수 있음을 뒤늦게 알았다. 왜 잘못을 깨닫는 것은 저지르고 난 뒤에야 알게 되는 걸까. 후회가 물길듯 밀려온다. 내 가슴의 옹이는 나 스스로 만든 것임을 이 나이가 되어서야 느낀다. 나무처럼 다른 곳으로 뻗어 나갈 수도 없는 지금 남은 삶은 향나무의 옹이처럼 향기라도 뿌리며 살고 싶다.

잠들었던 손자가 깨어 두리번거린다. 날 보더니 두 눈 가득 웃음을 띤다. 내 얼굴도 덩달아 하회탈로 변한다. 할아버지도 이렇듯 나를 애틋하게 생각했으리라. 당신의 긴 수염이 목에 닿으면 간지러워 까르르 넘어가던 어린 시절이 떠오른다. 아이를 번쩍 들어 뺨에 입을 맞춘다. 철부지의 웃음소리가 그 옛날부터 내 가

습속에 자리잡고 있던 옹이를 삭혀낸다.

　시도 때도 없이 막히던 숨이 트인다. 살 것 같다.

인생의 셈

교회 마당에 들어섰다. 본당 건물을 나오는 여 신도의 모습이 어째 눈에 익었다. 잠깐 시선이 마주쳤는가 싶은 순간 깜짝 놀랐나 보다. 당황스런 표정으로 잠시 머뭇거리다 후문 쪽으로 뒤도 돌아보지 않고 냅다 뛰쳐나간다. 저렇게 도망쳐야 할 짓을 왜 하는지, 몇 년이 지나서 다시 교회에 나오는 건 무슨 심산인지 도무지 이해가 되지 않았다.

수년 전의 일이다. 재개발 보상 건으로 소송 의뢰를 받았다. 여러 사정을 감안해 착수금도 받지 않았다. 대신 더 받아주는 금액의 일부를 사례금으로 받기로 하고 계약서를 썼다. 두 해 가까이나 길게 끌어온 재판은 승소로 끝났다. 예상보다 수억 원의 보상금을 더 받았다. 그에 따라 우리가 받을 사례금도 수천만 원이나 되었다. 막상 돈이 아까웠는지 그 후로 행방을 감추고 전화도 받지 않았다. 받을 방법은 얼마든지 있었지만, 같은 교회 교인이라는 이유로 그러지도 못했다. 마음이 많이 상했으나 세월이 흐름에 따라 감정의 빛깔도 옅어졌다. 황급히 도망치는 뒷모습을 보니 죄지은 사람 마음이 더 편치 않다는 게 맞는 말인가 보다.

벌써 60여 년 전의 일이다. 대구에 살았지만 외곽지로 조금만 걸어 나가면 온통 논밭이었다. 그때만 해도 먹을 게 귀했다. 가을이 되어 벼가 고개를 숙일 즈음이면 학교를 파하기 바쁘게 친구들과 메뚜기를 잡으러 다녔다. 속 깊은 프라이팬에 볶아 간장을 부어 조려 놓으면 훌륭한 반찬이었다. 메뚜기뿐이었으랴. 건들바람을 맞으며 하늘거리는 코스모스 길을 걷다 보면 논두렁에서 익어가는 콩과, 밭의 무가 보였다. 콩을 뿌리째 한아름 뽑았다. 한적한 언덕 골짜기로 달려가 잔가지를 주워 피운 불에 대고 돌려가며 구웠다. 후후 불어 가며 먹다가 서로 새카매진 입을 보며 놀려대며 웃었다. 무는 입가심이었다. 주인도 아니면서 내 것인 양 먹은 그 때는 아무런 죄의식을 느끼지 않았다.

나이가 들어 일이 풀리지 않을 경우가 있다. 그럴 때면 종종 어릴 적 일이지만 그 시절이 생각난다. 음식을 넘기다 체한 듯 마음에 걸렸다. 지금이라도 주인을 찾아가 용서를 구하고 싶었다. 단짝 친구들과 몇 번이나 옛 기억을 더듬었다. 근처를 맴돌며 여기다 싶은 곳을 수소문해 보았다. 하지만 변해 버린 환경 때문에 찾을 길이 없었다.

지금 사는 아파트로 이사를 온 얼마 후였다. 뭐든 마음만 먹으면 못 할 게 없을 것 같은 패기가 하늘을 찌를 때였다. 그날도 퇴근길에 마신 술이 몸을 가누지 못할 정도로 취했다. 대리 기사를 불렀다. 나보다 나이가 한참 많아 보였다. 이런저런 얘기를 많이 나누었다. 쉬면서 즐길 나이신데 왜 이런 일을 하는지, 자제분이 아버지가 밤에 이렇게 힘든 일하는 걸 아는지, 수입이 얼마인지, 그걸로 생활이 되는지 등등 술김이라도 하지 말아야 할 얘기를 떠벌인 것 같다.

도착할 즈음이었다. 이 아파트엔 어떤 사람이 사는지 궁금하다며 혼잣말처럼 뱉었다.

"나도 이런 데서 한번 살아 볼 수 있는 날이 올까요?"

취중이지만, 번쩍 정신이 들었다. 가슴 한구석이 찌르르해 왔다. 얼마나 상실감이 들었을까. 내가 무심코 뱉었던 말에 찔려 상처가 난 건 아닌지, 돌아서 가는 그분의 그림자가 길게 늘어져 마음이 아려 왔다.

지금까지도 잊히지 않고 트라우마로 남아 불쑥불쑥 날 괴롭히는 사건도 있다. 사무실 직원의 아버지가 정치판에 발을 들였다. 명예직이었던 군의원에 당선되어 의원님이라 불리며 대접받고 산 게 좋았던 모양이다. 두 번째 도전에서는 그만 고배를 마셨다.

나이도 있고 이젠 그만했으면 좋았을 것이다. 세 번째도 낙선하고, 네 번째는 재산을 처분하고도 자금이 모자랐다. 정치판도 마약 같아서 하나밖에 없는 아들의 전세보증금까지 끌어넣고도 낙선하고 말았다. 당장 쫓겨날 지경이 된 직원이 집을 구할 돈을 빌려 달라는 부탁을 해왔다. 하필, 나도 막내삼촌에게 수억이나 되는 돈을 빌려줬다가 받지 못해 곤란을 겪고있던 중이라서 도와주지 못했다.

며칠이 지났을까. 출근도 하지 않고 삐삐를 쳐도 연락이 없어 사는 곳으로 찾아갔다. 한적한 동네였다. 한 무리의 사람들과 경찰관이 보여 쫓아갔더니 목을 맸다고 한다. 주인이 목을 매단 전봇대 밑에서 따라 나간 강아지가 하도 구슬피 울어대는 바람에 발견했다는 것이다. 빌려서라도 도와주지 못한 죄책감에 마음이 아려 긴 세월 동안 괴로웠다.

오래 전 들었던 목사님 설교가 생각난다. 주제는 '죄'였다. 인간이 짓는 죄는 두 종류가 있다고 한다. 하나는 사람의 신체나 물질에 그 어떤 손해라도 입히는 걸 말한다. 크면 당연히 기억에 남겠지만, 피해가 작을 경우 하찮게 여겨져 기억을 못하는 경우가 많다. 그렇다고 지은 죄가 사라지지는 않는다. 또 하나는 마음으로 짓는 죄다. 속으로 욕을 하고 저주를 퍼붓거나, 심지어 죽기를 염원하는 그것이다. 상대방은 모를 뿐만 아니라 직접적인 피해도 가지 않는다. 성경에는 마음으로 짓는 죄가 더 크다고 가르친다는 말씀이었다. 아이러니하게도 나는 주로 후자에 속하는 것 같다. 다만, 작아서 그렇지 전자의 죄가 없는 건 아니다. 지난날을 되짚어 보았다. 온갖 일들이 다 떠올랐다. 잘하고 산 건 하나도 없고 죄로 얼룩진 인생 같다는 생각이 들었다.

나이가 들면서 슬픈 일이 더 많아진다. 그 중에서도 가장 견디지 못할 일은 젊어 저지른 못난 짓거리와 떳떳하지 못한 기억이다. 어리석었던 일, 해서는 안 될 일, 굴리고 다듬지 못하고 너무 빨리 움직인 혓바닥. 그 쓰라림은 때때로 비수처럼 마음을 찌르고 답답함을 참지 못해 가슴을 치게 한다. 그때는 왜 그렇게 살았을까. 왜 조금 더, 한 번 더 생각해보지 않았을까.

여름이 창을 두드리고 있다. 아내가 구석구석 쌓인 먼지를 좀 털어내자고 재촉을 한다. 무슨 먼지가 있냐는 말이 끝나기 무섭게 창문을 활짝 열었다. 햇빛이 거실로 쏟아져 들어온다. 비로소 얼마나 많은 먼지가 있는지 보였다. 나도 먼지만큼이나 수많은 일을 겪고 살았다. 사람을 다치게 하고 재물에 손해를 끼칠 만한 큰일은 하지 않았다고 죄가 없는 양 행세했다. 그렇게나 흠이 많은 걸 깨닫지 못하고 지금 와서 후회한들 무슨 소용이 있겠는가.

생각을 바로잡는다. 이제부터라도 죄를 짓지 않기로 다짐 또 다짐을 한다. 그래도 다음 날 운전대를 잡으면 거친 말이 나오니

기가 막힐 노릇이다. 남은 세월도 이렇게 살까 봐 걱정이 앞선다.

옷은 첫 단추를 잘못 끼워도 다시 끼우면 되지만, 사람 사는 일은 잘못 살면 되돌리기가 어렵다는 말이 폐부를 찌른다. 앞으로 남은 생이 얼마나 될지 몰라도 이제부터는 덧셈보다는 뺄셈으로 가볍게 하고, 곱셈보다는 나눗셈으로 베푸는 삶을 살아야겠다.

모처럼 날이 맑다. 종탑 위 십자가에 부딪히는 햇살이 눈부시다.

잘산 사람

　퇴근 시간이 다 된 무렵이었다. 책상을 정리하다가 후드득 소리에 창밖으로 고개를 돌렸다. 빗방울이 제법 굵은 것 같아 보였다. 우산을 챙겨 오지 않은 게 생각났다. 사무실 구석구석을 돌며 살폈으나 눈에 띄지 않았다. '까짓거 주차장까지 걸지도 않은데 뛰지, 뭐' 하며 나섰다.

　비는 제법 세차게 내리고 있었지만, 그깟 비 좀 맞아도 괜찮았을 터였다. 손바닥으로 가리며 뛴다고 얼마나 피할 수 있었겠는가. 머리 위에 손을 얹고 발을 내디뎠다.

　제대로 채 두 걸음이나 뛰었을까. 미끄러지는 걸 느낄 새도 없이 몸이 공중으로 붕 떠올랐다. 찰나刹那의 시간이었다. 손가락부터 어깨까지 전기에 감전되듯 찌릿한 느낌이 왔다. 뒤이어 망치로 머리를 때리는 듯한 통증이 오고 어둠에 휩싸이면서 정신을 잃은 것 같다.

약 삼십여 년 전이었다. 전남 완도군에 있는 무인도無人島로 친구와 낚시를 하러 갔다. 본섬에서 하려다 마침 사리 때가 아니라 조황이 보장되는 큰 여에 자리를 잡았다. 파도가 높은 날은 내리지 못하는 곳이다. 많아 봐야 서른 평 남짓 되는 자그마한 바위섬이다. 남쪽은 밋밋하게 경사가 졌고 반대편은 높고 깎아지른 절벽이다. 낚시는 주로 북쪽에서 한다. 첫날 감성돔과 농어 몇 수를 올려 저녁을 해 먹고 잠자리에 들었다.

다음 날, 입질이 없자 지겨웠던 친구는 뒤쪽에서 던져 보겠다며 넘어갔다. 얼마나 지났을까. 느닷없이 머리 위로 바닷물이 쏟아져 내렸다. 무슨 일인지 생각할 겨를도 없이 뒤집어쓴 물을 털다가 언뜻 친구 생각이 났다. 퍼뜩 위로 뛰어올랐으나 어디에도 보이지 않았다. 목이 터져라 불러도 대답이 없었다. 친구는 이튿날에서야 청산도 부근 해상에서 발견되었다. 같이 낚시하러 가서 너울에 쓸려간 줄도 몰랐다. 사람이 이토록 쉽게 죽을 수 있는 것에 놀라 적잖이 충격을 받았다. 몇 해 동안 낚시를 끊을 만큼 가슴앓이를 심하게 했다.

나이 들어가며 가족같이 지내는 죽마고우들이 있다. 돌아가며 밥도 사고 차를 빌려 바람도 쐬러 간다. 지난 2월은 영덕에 대게 먹으러 가기로 약속이 되었다. 십여 일을 앞두고 코로나19로 온 나라가 떠들썩해졌다. 며칠 지나면 괜찮아지겠지 하고 기다렸다. 출발 하루 전날이야 조용해지면 가자고 의견을 모았다. 똑소리가 나지만, 하도 말이 많아 총무를 맡긴 여자 친구였다.

"대게 먹고 하려고 미뤘던 수술이나 이참에 해야겠다."라고 하여 모두 궁금하게 여기자 대수롭지 않게 말했다.

"지극히 간단한 수술이다. 신경 쓰지 마라."

이틀이나 지났을까. 난데없는 부고 문자가 날아들었다. 친구 딸이 보낸 거였다. 친구가 수술받다가 죽었다는 소식이었다. 그저께만 해도 멀쩡했던 사람이다. 잠시도 재잘대지 않고는 견디지 못하더니 정작 갈 때는 한마디 말도 없이 가버렸다. 코로나19 때문에 조문은커녕 부의금도 계좌이체를 할 수밖에 없었다. 너무 허망한 마음이 들어 모두 한동안 두문불출하고 말문을 닫았다. 보낸 지 석 달도 더 지나서야 아쉬움을 토로하기 위해 모였다. 빈자리가 눈에 선하게 드러났다.

"이렇게 가버릴 줄 알았으면 영덕대게라도 먹여 보낼걸"

한 친구가 울먹이자 이구동성으로 그래그래 맞장구치며 울음을 삼켰다.

빗방울이 얼굴을 어루만지며 잃었던 내 정신을 깨우고 있었다.

잘산 사람 119

칠흑같이 캄캄했던 암흑이 뜻밖에 아주 편안했다는 느낌이 들었다. 왼쪽 팔이 저린 것 같을 뿐 통증은 없었다. 바닥에 흥건히 고인 피와 떨어져 나간 손톱이 눈에 들어왔다. 비 맞고 있던 휴대폰을 주워들고 인도 턱에 걸터앉았다. 5시 13분이었다. 10분 이상이나 기절했던 모양이다. 지나가던 이들 아무도 일으켜 주거나 신고를 해주지 않았다. 섭섭한 마음보다 창피한 생각이 먼저 들었다. 얼른 손수건을 꺼내 손가락을 동여매고 주차장으로 향했다.

통증은 집에 도착한 순간부터 몰려왔다. 견딜 수가 없을 정도라서 신음이 절로 났다. 동네 의원으로 갔더니 의사는 큰 병원으로 가길 권했다. 그제야 겁이 덜컥 났다. 예순이 넘도록 병원을 싫어해 웬만하면 가지 않고 살았다. 초등학교 때 예방주사 맞는 날이 가장 힘들었다. 뒷문으로 몰래 빠져나가 앞문으로 들어와 맞은 척 시치미를 떼다가 선생님에게 들킨 게 한두 번이 아니다. 더 아프게 놔주라던 그 선생님을 아직도 잊지 않고 미워한다. 신종 플루에 걸렸을 때도 버티고 버티다 견디지 못해 결국 병원엘 갔다.

병원에서 확인한 상처는 생각보다 심각해 보였다. 손목뼈는 금이 가고 손가락은 세 군데나 부러졌다. 어쩌다 이렇게 심하게 다쳤는지 의사가 물어도 설명할 도리가 없었다. 너무 아프다 보니 싫다 좋다 가릴 처지가 아니었다. 수술하자는 의사 말에 나도 모르게 고개를 끄덕이고 있었다. 난생처음 입원을 하고 수술을 받았다. 만약 한 걸음 앞에 미끄러졌으면 어떻게 되었을까. 아마도 계단 모서리에 머리를 부딪쳐 친구처럼 간다는 말도 없이 떠났을지도 모른다.

이번 일로 많은 걸 돌아보게 되었다. 모든 사람은 생로병사의 길을 걷고 뜻하지 않는 사고를 만나기도 한다. 벌써 어디쯤 왔는지 또 언제쯤 가는지 아무도 알 수 없는 노년의 길로 접어들었다. 그동안 나는 어떠했던가. 죽는 것은 내 일이 아니란 듯 망각 속에 살아온 나날이었다. 속속들이 알지도 못하면서 남의 가슴에 상처가 될지도 모를 말을 서슴지 않았다. 상처를 입고 기절한 나를 외면하고 지나갔듯, 남이 힘들어하고 고통스러워할 때 나 또한 도와주지 않았던 일이 있었음을 고백한다. 어쩌면 자업자득이었는지도 모를 일이다.

'이 세상에 태어났을 때 당신만 울고 주위 모든 사람은 웃었다. 이 세상을 떠날 때는 당신 혼자 미소 짓고 주위 모든 사람이 우는 인생을 살라'고 당부한 김수환 추기경의 말씀이 떠오른다. 젊었을 때는 나름대로 뜻있게 살아 보겠다는 목표를 세웠다. 한 가족처럼 두루두루 끌어안고 가는 아름다운 삶을 꿈꾸었다. 설령 정적이 생길지라도 향나무처럼 자기를 찍는 도끼에 향을 뿜는 사람이 되고 싶었다. 그런 삶을 위해 노력을 했으나 뜻대로 되지 않을 때가 더 많았던 것 같다.

아무리 예쁜 꽃이라도 세월이 가면 향기를 잃고 시들게 마련이다. 마냥 푸르던 잎도 언젠가 낙엽이 되어 떨어진다. 이 세상에 영원한 것이 없다는 만고불변의 진리를 새삼 깨닫는다. 걸어온 길의 잘잘못을 가려 앞의 길에 척도로 삼고자 남은 세월을 자문해 본다. '나는 잘 산 사람이 될 수 있을까.' 졸던 아내가 눈을 번쩍 뜨고는 고개를 끄덕였다. 희망이 보이는 것 같다.

3
세상살이

부모는 먹지 않고 자식에게 주고
자식은 먹고 남아야 부모에게 준다는 말이 왜 이제야
바늘이 되어 가슴을 찔러올까.

눈물 값

가깝고도 어려운 지인으로부터 연락이 왔다. 건물을 샀다고 했다. 돈이 많은 건 알고 있었지만 사들인 건물의 가격은 상상을 초월했다. 등기를 할 수 있겠는지 물어온 것이다. 수수료만 해도 억대에 속하는 건이다. 이런 건수는 평생에 한 번 있을까 말까 할 정도였다. 마음에 적잖이 부담되어도 놓칠 수가 없었다. 하겠다고 대답을 해 버렸다.

다음 날 회의를 했다. 서류만 해도 몇 상자나 될 터였다. 직원들도 너무 큰 건이라 긴장을 한 것 같았다. 혹여 실수라도 하면 안 된다며 몇 번이고 다짐을 받았다. 서류를 검토하고 결제할 단계를 지정해 주었다. 최종적으로는 선임 여직원의 검토를 거친 후에 접수하라고 다시 한번 더 다짐을 받았다. 회의실을 나서는 내 마음이 알 듯 말 듯 걱정과 희열이 교차하는 느낌이 들었다.

며칠이 지났을까. 원래 명의의 공기업으로부터 이전에 필요한 서류가 우편으로 왔다. 한 덩어리의 건물 안에 수백 개의 점포가 있는 대형 복합건물이다. 점포 수만큼 일이 많고 복잡하긴 해도 등기하는 데 별다른 문제가 있어 보이지는 않았다. 잔금 지급일까지는 며칠간의 여유가 있었다. 책임을 맡은 선임 여직원이 세금을 비롯한 비용을 산출하여 보고해 왔다. 산출한 명세서를 지인에게 보내주었다. 비용만 입금되면 바로 진행할 수 있도록 모든 준비를 끝내 놓았다. 입금되기까지 시간이 있어 그녀에게 재차 점검해 보라며 은근히 노파심을 드러냈다. 수십 년간 해 온 일이라며 이상 없이 해놓았다고 했다. 그 대답 속에 괜한 걱정하지 말라는 감정이 느껴졌다. 마음이 놓였다.

다음 날 비용이 입금되었다. 그녀로부터 국민주택채권을 사서 할인했다는 보고를 받았다. 내일 거래신고를 하고 취, 등록세 영수증을 발급받은 뒤에 해도 되는데 무슨 부지런을 그렇게 떠느냐고 농담까지 던졌다. 그녀는 어차피 살 채권이라 미리 샀다며 미소를 지었다. 금액이 큰 만큼 0.1%의 시세 차이만 생겨도 비용이 현저히 달라진다. 그만큼 강조를 하고 또 했으니 알아서 잘했으리라 믿었고 산 금액을 묻지도 않았다.

이튿날 아침, 짜인 일정에 장거리 출장을 보낼 직원이 마땅치 않아 내가 가기로 했다. 실거래 신고를 하고 취, 등록세를 끊는 중에 전화가 울렸다. 그녀였다. 실수한 것 같다고 울먹이는 목소리로 말했다. 무슨 일인지 대기해 보라고 하니 그저 큰일났다고만 하고 말을 잇지 못했다. 말까지 더듬는 목소리에 성질 급한 내가 도리어 죽을 지경이었다. 무슨 일인지 정신 차리라며 다그쳤다. 실수로 채권을 더 많이 샀다는 어이없는 얘기였다. 심장이 덜컥 내려앉았다. 믿기간 하고 주의하라는 당부만 하고 확인을 듯 한 후회가 파도처럼 밀려왔다.

어떻게 알았느냐고 물었다. 사무실로 찾아온 지인이 채권 구매 비용이 너무 많이 책정된 것 아니냐며 명세서를 보여 달라고 했다는 것이다. 깜짝 놀란 그녀가 확인해 보니 원래 사야 하는 금액에 동그라미 하나를 더 붙였다고 했다. 하늘이 노랗게 변할 수도 있는 줄 그날 처음 알았다. 하루가 지나 버렸으니 원금은 보장 받을 수도 없었다. 빨리 은행에 전화를 걸어 지금이라도 취소하라고 했다.

다시 전화가 왔다. 울기단 할 뿐 제대로 말을 잇지 못했다. 지금 도로 물려도 은행수수료와 채권 시세에 따라 환매한 금액에서 59%밖에 돌려받지 못한다고 했다. 하룻밤 새 거역이 공중으로 날아가 버렸다. 우리가 받을 수수료를 제하고라도 감당하기 어려울 만큼 생돈을 물어낼 판이었다. 다리에 힘이 풀렸다. 머릿속도 하얘지며 텅 빈 것 같은 느낌이 들었다.

사무실에 들어서자 그녀는 얼마나 울었는지 부어 눈도 뜨질 못했다. 초상집이 따로 없었다. 온갖 생각이 다 떠올랐다. 수수료 못 받는 것은 고사하고 요즘 같은 불경기에 도로 나갈 돈을 생각하니 앞이 캄캄해졌다. 매사에 꼼꼼하고 일 잘하던 그녀였다. 통통 부은 얼굴을 보니 애처로운 마음 또한 물밀듯 밀려왔다. 흐느끼며 뭐라고 말을 하는데 무슨 말인지 나는 알아듣지 못했다. 역정이 일어 알아듣도록 얘기하라며 소리 질렀다. 울음 사이로 들려오는 끊어졌다 이어지는 말을 더 해 보니 자기가 다 물어내겠다는 얘기였다. "혼자 부모 모시고 애 둘 키우면서 그 돈을 어떻게 마련할래?" 고함을 질러 버렸다. 수십 년 전에 끊었던 담배 생각이 났다.

조용히 사무실을 빠져나왔다. 그날 밤이 이슥하도록 잠이 오질 않았다. 이리저리 뒤척이다가 잠 깨운다는 아내의 타박을 피해 거실로 나왔다. 수건 한 장 베개 삼아 둘둘 말아 베고 소파에 누웠다. TV를 켰어도 무슨 내용인지 머릿속에 들어오지 않았다. 나도 모르게 깜빡 잠이 들었다. 눈을 뜨니 벌써 햇살이 얼굴에 들러붙어 있었다. 아침밥을 먹는데 모래를 씹는 듯했다.

나가기 싫은 마음에 억지로 출근했다. 잠을 설친 건 나뿐만이 아니었다. 표정을 보아하니 밤새도록 운 것 같았다. 상담실로 그녀를 불렀다. 어떻게 했으면 좋겠는지 물었다. 아직도 쏟아낼 눈물이 남았을까. 또 눈물부터 보였다. 실수라고 해도 사무실 피해가 너무 크니 대출을 받아서라도 다 물어내겠다고 했다. 할 말이 없었다. 한참을 그냥 쳐다만 보다 상담실을 나왔다. 그날 밤도 잠을 이루지 못했다. 온갖 생각이 다 들었다. 전부 부담하라고 할까. 수수료는 없는 셈 치고 우리가 물어내는 것만큼 부담하라고 할까. 그것도 부담스러우면 반이라도 부담하라고 해야 하나. 고의로 그런 건 아니지만 실수라도 그 피해가 너무 크다. 밤새도록 끙끙대다가 출근길에 결심이 섰다.

 동료인 친구와 상의했다. 친구 역시 답답한지 한숨만 내쉬고 있더니 한참 후에야 알아서 하라고 했다. 얘기를 끝내고 나오니 역시나 오늘도 운 얼굴이었다. "에라, 모르겠다. 손해 본 돈은 네 눈물 값으로 받은 셈 칠 테니 걱정하지 마라." 한마디 툭 던지고 내 자리에 앉았다. 그녀만 원망할 일이 아니었다. 믿고 한 번 더 확인하지 않은 내게도 잘못이 있었다. 그녀를 바라보는 마음은 편해졌지만, 퇴근하는 내 발걸음은 천근만근이었다. 어떻게 하루를 보냈는지 모르겠다. 몰려오는 어둠이 내 마음 같았다. 오늘은 잠이 오려나.

아물지 않는 상처

　양치를 하고는 꼭 혀로 입 안을 훑는 습관이 있다. 며칠 전부터 왼쪽 둘째 큰 어금니가 까끌까끌하고 걸리적거리는 느낌이 들었다. 손가락으로 긁는 순간 뭔가 쑥! 빠져나왔다. 오래 전 치료해 여태까지 잘 쓰던 보철물이었다. 소독해서 다시 끼우면 될 것 같아 가벼운 마음으로 치과에 들렀다.
　의사는 상아질까지 다 썩었다며 뽑기를 권했다. 단단히 덮어씌운 이가 왜 상하는지 물어보았다. 사랑니의 발이 옆으로 뻗어 긴 세월 동안 어금니를 밀었다며 C.T 결과를 화면으로 보여준다. 미는 힘으로 인해 치아와 보철물 사이의 틈으로 공기가 드나들어 썩었다는 얘기였다. 다른 이야 어떻게 되던지 저 혼자 살겠다고 이웃을 밀쳐냈던 사랑니는 썩은 이가 뽑히고 나면 외톨이가 된다. 결국에는 의지할 곳을 잃어 흔들리고 약해져 뽑힌 치아와 같은 길을 갈 수밖에 없다고 한다. 누가 지었는지 사랑니라는 이름이 아깝다. 치아도 이웃끼리 사이좋게 잘 맞물려 지내야 서로 기대어 공존할 수 있는 모양이다.

사십여 년 전의 일이다. 선대의 음택陰宅 자리에 공업단지가 들어선다며 이장移葬하라는 통지가 날아들었다. 그해 서리 가을부터 지관과 함께 옮겨갈 곳을 찾아 많은 산을 보러 다녔다. 다음 해 보리누름이 되어서야 비로소 마음에 드는 장소를 찾았다. 볕이 잘 드는 야트막한 남향 야산이었다. 부모님도 흡족해하셨다. 이사할 좋은 날을 잡았다.

조상님들께서 영원히 사실 천년집으로 옮기는 날이었다. 산 아래에 차가 들어서자 열댓 명의 노인들이 입구를 막아섰다. 동네 사람의 묘를 쓰는 건 괜찮아도 외지 사람은 안 된다는 얘기였다. 정당한 방법으로 산 내 땅이었지만 막무가내로 하는 말을 당할 수가 없었다. 무슨 상관이냐며 한바탕 하려는데 낌새를 채신 어머니가 내 등을 손가락으로 지그시 누르셨다. 속으로부터 올라오던 화를 겨우 눌렀다. 매년 봄 돼지 한 마리 내는 걸로 합의를 보고 선산을 조성할 수 있었다.

늦장마가 한껏 머무르며 키워 놓은 풀들이 키를 훌쩍 넘도록 자랐다. 어디가 길인지 도무지 분간이 되지 않았다. 예초기로 길을 내며 산소 근처라고 예상한 곳에 다달았다. 땀과 풀의 파편으로 인해 범벅이 된 채 숨을 고르며 둘러보던 순간이었다. 길을 잘못 든 줄 알았다. 나도 모르게 눈이 부릅떠졌다. 동그마한 봉분이 사라지고 비석도 쓰러져 있다. 군데군데 소똥이 흩어져 있는 걸 보니 소를 매어 두었던 게 분명하다. 뿔로 묏등을 얼마나 떠받았는지 평지처럼 변한 데다 잡초까지 우거져 알아볼 수가 없었다.

수십 년 동안 산 아래 마을에 해마다 돼지를 냈다. 올 봄엔 일이 바빠 깜빡 잊었더니 이런 사단을 벌이고 만 것 같다. 사람의 탈을 쓰고 할 짓이 아니었다. 연고 없는 곳에 산소를 쓰고는 긴 세월 적지 않은 마음고생을 겪은 차였다. 넋 나간 듯 산소 앞에 털썩 퍼질러 앉았다. 가슴이 터질 것 같았다. 상한 마음 같아서는 법을 떠나 휘발유 한 통 사 들고 마을에 불이라도 지르고 싶었다.

단짝친구들과 수십 년 낚시 다니며 이런저런 일을 많이 겪었다. 88올림픽이 열리던 해 사월 초순 이맘때였다. 낚시꾼들이 가장 지루해하는 시기다. 잡을 고기는 마땅치 않고 바다는 보고 싶었다. 들썩거리는 마음에 친구들이 불을 붙였다. 낚시를 핑계 삼아 물곰탕도 한 그릇 하고 콧구멍에 바람을 넣기로 마음을 합쳤다.

간만에 먹는 물곰탕이었다. '물곰의 살은 넘길 때 생선의 살이 인간의 살을 쓰다듬는다'는 소설가 김훈의 말이 실감난다. 얼마나 부드러운지 혀로 느껴지는 맛과 목구멍을 미끄러지듯 넘어가는 촉감이 같다는 얘기가 아닐까. 바다 냄새보다 좀 더 내밀한 향기가 입 안을 아우르는 맛이다. 국물 한 방울 남김없이 다 긁어먹고는 식당을 나섰다. 저녁노을이 온 하늘과 바다를 붉은 색으로 물들이고 있었다

  좀 외지긴 해도 텐트 칠 만한 적당한 장소를 찾았다. 자리를 잡고 몇 차례나 미끼를 갈아주며 던졌으나 전혀 입질이 없었다. 어둠을 업고 으스스 때 아닌 한기까지 데려온 소소리바람이 물곰탕으로 덥혀 놓았던 체온을 사정없이 끌어내렸다. 해질 대로 해진 텐트 구멍마다 바람소리를 내며 파고드는 냉기를 틀어막을 길이 없었다.

  대구 날씨만 생각하고 금요 하나 챙겨 오지 않은 댓가를 톡톡히 치렀다. 넷이 바짝 붙어 앉아도 전신이 시려 왔다. 몸은 사시나무 떨리듯 하고 이빨 부딪히는 소리는 딱딱딱 장단이 맞춰진다. 따뜻한 집 놔두고 뭐 하는 짓인가 싶다. 여관이라도 찾으려면 차를 세워 둔 곳까지 한참을 걸어나가야 한다. 가다가 얼어 죽을 것 같았다. 마침 들어오는 길에 굵직한 통나무 쌓아 둔 걸 본 기억이 떠올랐다. 이것저것 생각할 겨를이 없었다. 낑낑거리며 들고 와 밤새 타도 될 만큼 불을 지펴 놓았다. 활활 타오르는 온기로 인해 언 몸이 사르르 풀림과 동시에 시나브로 잠이 찾아왔다.

시간이 얼마나 흘렀을까. 시끌벅적한 소리에 눈을 떴다. 비몽사몽간에 나가 보니 그 조그마한 어촌에 사는 사람들이 다 몰려온 것 같이 북적였다. 경찰도 보였다. 지난밤에 죽지 않으려고 갖다 땐 나무가 배 만드는 데 쓸 제목이었다고 한다. 우리는 오죽하면 불을 피웠겠느냐며 파리가 앞다리 비비듯 머릴 조아리고 선처를 구했다. 낚시꾼 네 명이 얼어죽었으면 더 골치 아팠을 거라며 경찰관도 편들어 주었다. 그래도 나무 주인은 요지부동이었다. 찔러도 피 한 방울 안 나올 사람 같았다. 당시 가치로 따지자면 많아야 이삼십만 원이나 될까 말까 한 나무였지만, 수백만 원을 물어주기로 약조하고서야 파출소 문을 나설 수 있었다.

십여 년 전쯤 남해 모 섬에 낚시를 갔다. 그날따라 술안주 삼을 잡고기 한 마리 못 잡았다. 멋모르고 몇 줄기 따먹은 미역이 마을 어촌계 재산이라며 섬 주민과 시비가 붙었다. 미역 서너 줄기 따먹고 백여만 원을 물어준 기억이 아직도 생생하다.

사람 사는 데는 인정과 도리가 있어야 하지 않겠는가. 매년 주던 돼지 한 해 안 준다고 남의 산소에 해코지하기보다 기다려 줬다면 얼마나 좋았을까. 아무리 세상이 바쁘고 각박하게 돌아가더라도 마음의 여유는 있어야 하는 법이다. 불태운 나무만큼의 값보다 얼토당토않은 돈을 요구하며 사람을 동원해 겁박하고 억지를 써야 했을까. 적당한 보상을 받고 그 추위에 죽지 않은 것만 해도 다행이라고 포용해 주었으면 얼마나 좋았을까. 바다 속에 널린 미역 한 줄기도 이왕 뜯은 거 조심하라고 귀띔하고 나눔을 베풀었다면 지금까지도 그 섬은 아름다운 기억으로 남았을 것이다. 사람 사는 세상에 돈이 전부는 아니지 않은가.

사랑니처럼 밀어내기만 했던 몇 번의 사건들이 떠올라 팍팍한 인정에 실망과 아쉬움이 교차한다. 소소한 일상의 감동이 될 수 있던 일이 두 번 다시 겪기 싫은 사건이 되고 말았다.

십수 년 만에 고장난 치아가 잠들어 있던 그때의 일들을 깨웠다. 혀로 입 안을 훑으니 뽑은 곳이 무척 허전하다. 치료를 끝내고 며칠 약을 먹었어도 귀밑까지 욱씬거리는 아픔이 가시질 않는다. 몸의 상처는 시간이 지나면 아물겠지만, 마음의 상처는 깊어지고 깊어져 때때로 선명해지곤 한다.

웃고 살아도 될까

 칼국수 한 그릇으로 점심을 때우고 막 들어온 길이었다. 사무실 문이 빼꼼히 열리며 아래위로 아이 둘의 얼굴이 보였다. 애들이 올 곳은 아니지만, 마침 손님이 없었다. 슬며시 장난기가 돌았다. 손짓하니 쭈뼛거리며 들어온다.
 "뭐 좀 여쭤봐도 돼요?"
 이쯤 되면 내가 더 궁금해진다. 소파에 꿇어앉히고는 무슨 일인지 물었다.
 열두 살과 아래로 두 살 터울의 형제였다. 맞벌이를 마친 부모가 퇴근하면 알림장을 보고 그날 일을 챙기는 모양이다. 노는 데만 정신이 팔려 숙제를 못 한 거 아빠가 알면 꿀밤을 때린다고 한다. 엄마가 말려도 그러는 건 가정폭력이 아닌지 묻는다. 보고 듣는 게 너무 많은 세상이라 이런 해프닝도 생기나 싶은 생각이 들었다.

"너희 아빠 경찰이 잡아가도록 해 줄까?"

그 말엔 또 기겁한다. 귀여웠다. 언제 아빠와 같이 오면 꿀밤 놓지 말라는 얘기를 해 주기로 손가락을 걸어주었다. 대해준 게 편안했던가 보다. 가끔 과자 한 봉지 사 들고 와 내 입에 넣어 주며 궁금한 걸 묻기도 하고 놀다 간다. 볼 때마다 내 어릴 적 광경이 떠올라 빙그레 웃음이 지어진다.

나는 아버지에 대한 기억은 그리 선명하지가 않다. 내 기억 중추에 저장된 건 대부분 어머니와의 기록이다. 공부하라는 얘기를 귀에 딱지가 앉도록 하신 분도 어머니셨다. 왜 그리 놀고 싶었을까. 종일 뛰어놀았으니 저녁밥만 먹고 나면 잠이 쏟아졌다. 아침이면 밀린 숙제를 하느라 밥도 거른 채 바람같이 학교로 달려가곤 했다. 어머니의 십팔번, 맏형이 되어 동생들에게 본을 보이지 못할망정 잘하는 짓이라며 얼마나 야단을 맞았는지 모른다. 그 시절이나 지금이나 이 아이들 나이 때는 대부분 그러지 않았겠는가. 그런 꾸중이 자식을 위한 사랑이었음을 알게 된 건 어른이 되고도 한참 지나서였다.

아버지가 된 나는 일찍 출근하고 늦게 퇴근하느라 깨어 있는 아이 얼굴을 볼 수가 없었다. 자는 모습이라도 보고 나오면 가슴 저 안쪽으로 말로 표현 못 할 뻐근함이 생기곤 했었다. 아이들의 똥오줌조차도 더럽다는 생각이 들지 않았다. 온 방을 헤매며 자던 잠버릇이 얌전해진 것도 그즈음이었다. 아이를 위해 뭐라도 해야 할 것 같은 생각이 들었다. 내리사랑만 있고 치사랑은 없다더니 부모님 생각은 까맣게 접어 두고 있었다.

열두 해쯤 되었나 보다. 교통사고로 식물인간이 된 대학생의 손해배상 사건을 맡았다. 환자의 상태를 살피러 갈 때마다 자연 학생의 아버지를 보게 된다. 그분은 아들을 위해 사업을 접었다. 지금도 언젠가 일어날 것이란 희망을 버리지 않고 있다. 아들의 몸이 굳을까 봐 눕혔다 일으키고 안아 당긴다. 팔다리뿐만 아니라 손가락도 오므렸다 폈다 잠시도 쉬지 않는다. 하루도 아들 몸을 닦는 걸 거른 날이 없다. 그 덕분에 아들은 서른을 넘긴 나이가 되도록 욕창 한 번 생기지 않았다. 자기보다 덩치 큰 아들을 매일 그렇게 운동시키자니 힘에 겨운 것 같다. 땀이 쉴 새 없이 흘러내린다. 희망을 버리지 않겠다는 의지로 눈빛은 형형하다. 무슨 말로도 위로가 되지 않을 것 같아 안타까운 마음만 안고 돌아온다.

아들이 네 살 무렵이었다. 집을 큰길 건너 더 넓은 곳으로 옮겼다. 건너편에 살 때 사귄 친구가 보고팠던 모양이다. 손들고 건너던 횡단보도에서 버스에 머리를 받혔다. 대학병원으로 실려 갔다는 전화를 받고 얼마나 가슴 졸이며 달려갔는지 모른다. 하늘이 노랗게 변할 수도 있다는 걸 처음 알았다.

고등학교에 다닐 무렵 나도 친구와 죽기 살기로 싸운 일이 있었다. 둘 다 선생님 손에 이끌려 병원으로 갔다. 한참 머리 이곳저곳을 꿰매고 있을 때 오신 부모님의 표정이 떠오른다. 피투성이가 된 아들 곁에서 심장이 내려앉고 있던 내 얼굴도 같지 않았겠는가. 그때 놀란 일을 빼고는 나와는 달리 아들은 속 한 번 썩이지 않았다.

그에 반해 나는 유난히 애를 많이 태운 자식이었다. 공부도 마지못해서 하는 척 흉내만 냈다. 남다른 직업을 가지기를 바란 부모님께 한마디 상의도 없이 군에 갔다. 일곱 해 만에 제복을 벗고 돌아와서는 방구석에 자리잡고 칩거했다. 좋은 자리를 천거 받아도 관운이 없을 거라며 거절하고 술독에 빠져 허우적거렸다. 국가고시를 쳐보겠다며 은허사 뒤 암자에 틀어박혔을 때도 어머니가 주고 가신 돈으로 술 사다 먹기 바빴다. 그렇게 흐린 정신으로 시험을 본들 붙을 리가 있었겠는가. 애꿎은 부모님의 기대만 부풀려놓았다.

소 뒷걸음치다 쥐 잡는 격으로 어쩌다 호구지책糊口之策은 마련하게 되었다. 어머니가 가장 좋아하셨다. 사무실을 열자 한시름

놓은 것도 잠시였다. 친구 좋아하고 어렵다는 사람만 보면 그냥 있질 못해 돈이 들어오기 바쁘게 나갔다. 어떨 땐 어머니의 통장 잔고까지 거덜낸 적도 있었다. 그래도 싫은 내색 한 번 않으셨다. 자식을 사랑하고 믿는 마음은 아마도 끝이란 낱말이 없는 게 아닐까 싶다.

어머니는 쓰러지신 날까지 잠시도 놀고 계시는 걸 본 기억이 없다. 동생에게 공장을 물려주고 쉬실 때였다. 평생 일만 하신 분이라 주변에 같이 놀 분들이 흔치 않았다. 심심하기도 하고 추워지니 부산 외삼촌한테 가서 겨울 보내고 오겠다며 가셨다. 목련이 지고 벚꽃이 눈처럼 휘날려도 돌아오신다는 소식이 없었다. 걱정스러운 마음에 시간을 내어 부산으로 갔다가 기가 막혀 뒤로 넘어가는 줄 알았다.

어머니는 외삼촌 집 앞 공터에서 아담한 천막 하나 쳐놓고 국화빵을 구워 팔고 계셨다. 할 일 없이 노는 게 지겨웠다며 뭐라고 하려는 내 입을 손가락으로 막았다. 하룻밤 묵고 같이 돌아오는 차 안에서 도장이 든 통장을 건네주셨다. 국화빵 판 거라고 믿어지지 않을 만큼 큰돈이었다.

"부산서 번 돈인데 차 바꾸는 데 써라."

어머니는 그런 분이셨다. 그렇게 주고도 계속 그러시는 걸 보면 아마도 어머니는 나한테 돈 주는 재미로 사신 것 같은 생각도

든다.

두해 전부터 갈치낚시를 가면 요즘 보기 드문 부녀를 보게 된다. 아버지는 여든이 다 되었고 따님 둘은 사십 중후반 정도로 보였다. 낚시를 좋아하는 아버지를 위해 자매가 교대로 한 번씩 운전해 온다. 선실에 모셔 드리고 낚시할 자리에 낚싯대와 아이스박스를 가져다 놓은 다음 쉬러 간다. 다음 날 새벽 배 들어올 시간이면 어김없이 선착장에 나와 아버지를 자동차 의자에 눕히고는 담요를 덮어 드린다. 잡은 갈치는 바닷가에서 전부 손질해 봉지마다 나눠 담아 싣고 서울로 돌아간다. 단골 낚시꾼들이 저마다 한마디씩 거든다. 딸에게 말로 다 못 할 만큼 사랑을 주었다거나 아버지가 엄청난 재력가일 거라는 얘기였다. 그건 아니라고 본다. 나와는 달리 살아 계실 때 잘해야 한다는 걸 일찍 깨우친 분들이란 생각이 들었다. 부끄러웠다.

바람처럼 사무실로 찾아든 아이들로 인해 까마득히 잊고 있었던 부모님 생각에 눈시울이 뜨거워진다. 그 긴긴 날을 병상에 누워 계시느라 얼마나 괴로우셨을까. 눈을 뜨지는 못해도 하루 한 번 보러오는 나를 얼마나 기다리셨을까. 처음에는 하루가 멀다며 뵈러갔다. 한 해 두 해 지나며 남의 손에 맡겨놓고는 일을 구실로, 피곤하다는 핑계로 거르다 운명하시는 것도 못 보았다.

부모님의 사랑을 알 때쯤 부모님이 내 곁을 떠난다는 이치를 나는 왜 돌아가시고 나서야 깨닫게 되었을까. 부모는 먹지 않고 자식에게 주고 자식은 먹고 남아야 부모에게 준다는 말이 왜 이제야 바늘이 되어 가슴을 찔러올까. 까마귀도 반포지효反哺之孝라는데 한낱 날짐승만큼도 못하게 살았던 내가 언뜻언뜻 나에게 묻는다. 이렇게 웃고 살아도 될까.

이름 바꾸기

　손님이 없어 조용한 날은 친구의 철학관에 놀러간다. 시간을 보내다 보면 뜻하지 않게 가끔 개명이나 이혼사건을 맡을 수도 있다. 이날도 '서밑년'이란 아주머니의 개명 의뢰를 받았다. 딸만 내리 다섯을 낳자 아들을 원한 아버지가 딸로서는 마지막이란 뜻으로 지었다고 한다. 사무실로 가는 사이 오래 전 비슷한 사건이 떠올라 웃음이 지어졌다.
　벌써 사십여 년이 흘렀다. 군 시절 일이다. 모처럼 연휴를 대구의 집에서 보내고 온 다음 날이었다. 관사를 나와 위병소 앞에 이르렀을 때였다. 저만치 서 있던 당직 하사가 나를 보곤 뛰어왔다. 안절부절못하고 서 있는 그의 꼴이 흡사 똥마려운 강아지 같았다.

느낌이 좋지 않았다.

"충성! 휴가 나간 피 일병이 귀대하지 않았습니다."

내가 어렸을 당시의 우리 집 라디오는 방송 채널을 선택하는 기능이 없었다. 조그만 나무상자처럼 생긴 스피커 하나를 집 기둥에 걸어놓은 게 다였다. 지지직거리다가 뉴스가 들리기도 하고 창가(唱歌, 가요)가 흘러나왔다. 어른들은 그 가락에 맞춰 막걸릿잔을 기울이며 따라 흥얼거리는 걸로 세상살이 시름을 달랬다.

우리 할아버지도 그랬던 것 같다. 그때 흘러나오던 노래를 불렀던 이들이 바로 황금심이나 김정구, 현인, 남인수 같은 가수들이다. 그중에서도 할아버지는 특히 '이별의 부산정거장'과 '애수의 소야곡'을 부른 남인수南仁樹를 유독 좋아했다고 한다.

그런 연유로 내 이름이 그와 한자까지 똑같은 '남인수南仁樹'가 되었다. 할아버지가 좋아해서 지었지만, 정작 나 자신은 이름 때문에 얼마나 많은 스트레스를 받고 살았는지 모른다. 초등학교부터 대학교를 졸업할 때까지 선생님이나 교수님들로부터 제일 먼저 이름이 불렸다.

"남인수! 나와서 노래부터 한 곡 해 봐"

스트레스가 만만치 않았다.

피 일병의 이름은 '칠갑'이다. 병사들은 이 친구를 부를 때 계급을 붙이지 않고 '피칠갑이!'로 불렀다. 약간 모자라는 듯 행동도 굼뜨고 항상 웃는 아이같이 천진난만한 얼굴이었다. 그래서인지 나처럼 이름으로 인한 스트레스는 받지 않는 것 같았다. 중요하고 어려운 일은 못했지만, 허드렛일일지언정 맡긴 일은 끝까지 하는 책임감이 있었다. 이런 친구가 어떻게 군엘 왔는지 다들 궁금해 했다. 풍문으로는 피 일병의 부친이 고만고만한 일곱 아들 중 하나는 군을 다녀와 번듯한 직업을 갖는 게 소원이라 높은 사람에게 손을 썼다는 소문이 돌았다.

피 일병이 첫 휴가를 나갈 때 부대를 찾아올 수 있을지 내심 염려스러웠다. 갈 때는 버스 터미널까지 내무반장이 대동해 표까지 끊어 보냈다. 걱정이 되어 집으로 전화하려고 근무 기록부를 뒤적이던 중이었다. 마침 헌병대에서 전화가 왔다. 부대로 오는 차를 못 타 터미널을 헤매고 있던 피 일병을 검문하던 중에 휴가증을 보고 연락이 온 것이다. 커다란 떡 보따리를 짊어진 피 일병이 헌병대 사무실에서 고개를 끄덕이며 졸고 있었다. 행색으로는 영판 논일하다 온 농부였다. 짊어진 보따리가 궁금했던 헌병이 뭔지 보자고 해도 끝까지 내려놓지 않더라는 얘길 했다.

"정말 그 부대 사병이 맞습니까?"

데리고 나오는 등뒤에서 하는 헌병 장교의 말이 어째 마음 아프게 들렸다.

다른 사람이 나를 부르는 이름은 내 이미지 형성에 중요한 의

이름 바꾸기

미를 가지게 된다. 이름을 불러줌으로써 비로소 나라는 인물이 상대에게 각인되고 의미가 되어 동일성을 갖게 하기 때문이다. 이름은 곧 그 사람의 얼굴이라 생각한다. 이름이 이상하면 성장기의 성격에도 영향을 줄 수 있을뿐더러 나처럼 콤플렉스가 생기기도 할 것이다. 놀림감이 되었던 학창 시절의 기억이 누적되어 암울한 인생을 맞게 될지도 모른다. 사회적으로 통용되기에 무리가 없는지, 뜻보다는 어감이 괜찮은지도 짚어 보는 게 좋겠다. 이름은 함부로 지어서는 안 된다는 생각이 든다.

이름이 '박판사'였던 어떤 이는 법을 어겨 법정에서 재판을 받고 구속되는 것을 본 적이 있다. '미자' '영자' '춘자'는 '미찌꼬' '에이꼬' '하루꼬'의 일본식 이름이다. 딸을 사랑하는 마음에 '애愛'자를 넣어 지었는데 성이 '장'씨라서 '장애자'가 된 분은 내가 다니는 교회의 권사님이시다. 역시 많았던 '숙淑'도 그렇다. 성이 '노'씨라서 '노숙자'였던 분도 이름을 바꾸러 와서 개명을 해 준 적이 있다. 이 밖에도 바꿔 준 이름이 배신자, 지화자, 김계장, 현상범, 이만원 등 다 나열하기도 어렵다.

이런 사람들이 이름을 바꾸게 되면 자기 충족감이 배가 되어 개명에 따른 효과가 커진다. '이름을 바꾸니 잘 되더라'는 자기 암시와 함께 과거 잘 안 되던 시절의 암울함이나 불안감이 해소되는 심리적 효과가 생긴다는 연구 결과도 있다고 한다. 이처럼 이름이 차지하는 비중이 얼마나 중요한지 새삼 느낄 수 있다.

　예전에는 대체로 아명을 그대로 쓰거나, 작명소에서 풍수니 사주팔자니 주역을 따져 가며 지었다. 또 항렬을 따르다 보니 이름이 이상해진 경우도 많았다. '피 일병'이 그랬다. 칠형제이고 '갑'자 돌림이라 위의 여섯째는 '육갑'이 되었다. '피 일병'이 아무리 둔하고 순한 사람이라 해도 성장하면서 겪고 느껴야 했던 모멸감이나 마음의 상처는 헤아릴 수 없을 만큼 깊고 컸을지도 모른다.

　군복을 벗고 나서도 피 일병의 부모님과는 가끔 연락을 하고 지냈다. 법률사무소에 몸담아 제일 먼저 한 일이 피 일병의 칠형제 이름을 모두 바꿔준 것이었다. '칠갑'은 '현우(賢優 : 어질고 마음이 넉넉한 사람)'로, '육갑'은 '길우(佶優 : 씩씩하고 마음이 넉넉한 사람)'로 바꿔주었다. 바꾼 이름 덕인지 알 길 없으나 '칠갑'은 공무원으로 시골 면사무소에서 근무하다가 지난 해 정년을 맞았다. 마치 내가 피 일병의 앞날을 바꾸어 준 것처럼 흐뭇하고 뿌듯하다.

　옛날에는 개명 신청을 잘 받아주지 않았지만, 요즘엔 법원도 범법자나 파산자 등 특별한 경우를 제외하고는 잘 허락해주는 편이다.

　오래전부터 나도 이름을 바꾸고 싶었다. 이름으로 인한 스트레스를 생각하면 당장이라도 법원으로 달려갔으면 하는 마음이다. 친구의 풀이로는 관운이 없는 이름이라고 했다. 직업을 군인으로 택했다가 군복을 벗은 것이나, 국가에서 주도한 시험도 그렇다.

같이 공부한 친구들은 다 붙었는데 혼자만 떨어졌다. 모든 게 이름 탓일 거라는 생각이 줄곧 머릿속을 맴돌았다. 바꾸려고 망설인 것만도 수십 번이다. 신청서를 썼다가 찢은 일도 여러 차례 된다. 이제라도 출세가도를 달릴 좋은 이름으로 바꾸어 볼까 이런 생각을 하다가도 어디선가 할아버지의 불호령이 들려올 것 같아 망설여진다.

이웃사촌

벌써 몇 번째인지 모른다. 인터폰이 울리고 화면에 낯익은 얼굴이 보인다. 두어 달 비어 있던 아래층에 입주자가 들어온 뒤부터 잊을 만하면 울리는 소리에 가슴이 요동친다. 문을 여니 서슬 퍼런 아주머니가 서 있다.

여섯 달쯤 전이었다. 전에 사시던 할머니가 직접 키웠다면서 상추를 한 바구니나 들고 올라왔다. 곧 새 아파트로 이사 가게 되었다며 인사를 왔다고 한다. 꽤 오랜 시간을 좋은 이웃으로 살았던 터라 서운함이 컸다. 아파트라고는 하지만 우리 통로의 스물여섯 가구는 허물없이 잘 지내는 편이다. 모두 무던한 성품 덕이기도 하지만, 가끔 내가 낚시로 잡아 온 갈치를 나누는 것도 한몫했을 것 같다.

　보름 전쯤 당일로 인천 출장을 다녀오고 나니 몹시 피곤한 터라 일찍 자리에 들었다. 잠이 막 들려던 참이었다. 거실에 놓아둔 휴대폰 우는 소리가 유난히 크게 들렸다. 이불을 뒤집어썼다. 하지만 잠은 벌써 저만큼 달아나고 있었다.

　"댁에 아이들이 있습니까?"

　관리사무소에서 온 전화였다. 아이들이 뛰는 소리에 잠을 못 자겠다며 아래층에서 항의가 들어왔다고 한다. 이 무슨 뚱딴지같은 소리인가 싶었어도 불편한 심사를 눌렀다.

　"우리 집엔 부부뿐입니다. 관절염이 있어 걷는 것도 힘겨운 나이인데요."

　침착하게 얘기를 했어도 입맛은 썼다. 그날 한 말을 아이가 없는 걸로 단정 지은 것 같았다.

　몇 해 전, 십수 년 만에 대대적인 집수리를 한 적이 있다. 다시 새집이 된 양 다 만족스러웠으나 대리석 바닥을 마루로 바꾼 것이 문제가 되었다. 친환경소재라 건강에는 도움이 되었는지 모르나 층간소음이 커졌다. 뒤꿈치를 들고 걷지 않으면 발걸음 소리가 꽤 신경이 쓰일 정도였다. 아래층에 새로운 입주자가 들어온 뒤부터는 더 조심하느라 내 집임에도 살금살금 도둑 걸음을 걷게 되곤 한다.

한 달에 한 번 하나뿐인 손자가 놀러오는 날이다. 반가운 만큼 긴장이 된다. 제법 뜀박질에 힘이 붙은 녀석은 현관을 들어서기 무섭게 날 보자마자 부리나케 달려와 안긴다. 가만히 안겨 있기만 하는 아이는 없다고 생각하면서도 아래층이 신경 쓰여 조마조마하다.

염려하던 초인종이 울렸다. 아들이 나갔다. 현관 중문 너머 죄송하다는 소리가 몇 번이나 들린다. 그럴수록 아주머니의 목소리 톤은 더 높아지는 것 같다. 내가 나가 한 달에 한 번 손자가 오는 날이라며 빨리 보내겠다고 얘기했음에도 아예 작정하고 왔나 보다. 당장 조용히 시키라며 막무가내였다. 첫인상도 그랬지만 아주머니 얼굴은 온통 짜증이 배어 있다.

"아이가 없다고 했잖아요."

슬며시 부아가 치밀어 참다 못해 같이 언성을 높였다.

"어린아이를 뛰지 않도록 할 재주가 있으면 해 보세요. 잠시 다니러 온 아이 발을 묶기라도 해야겠습니까. 그렇게 민감하시면 주택에서 살지 뭐하러 아파트로 왔습니까."

많은 세대가 모여 사는 아파트가 도시의 보편적인 주거 형태가 된 지 이미 오래된 일이다. 여러 편리한 시설도 같이 있어 살기에 편하다는 장점은 있어도 어쩐지 점점 사람 사는 맛이 떨어지는 것 같다. 오래전 내가 자랄 때만 해도 이웃이란 서로 의지할 수 있을 만큼 가까웠다. 멀리 있는 친척보다 가까이 있는 이웃이 낫다는 말도 있지 않은가.

대문을 열고 나서면 또 다른 어른들이 반겨주던 어린 시절이 그리워진다. 숫자로 구분한 공간이 아니라 마음마저 공유하던 그 시절은 이제 다시는 돌아올 수 없을까. 어두워지도록 놀고 있는 우리를 보고는 집에서 걱정한다며 골목 입구까지 바래다주던 어른들의 모습이 지금도 눈에 선하다. 살림은 나아졌고 문명은 발달했지만, 작은 불편이나 거슬림도 참아주지 못하는 사람이 늘어간다는 사실이 서글퍼졌다.

얼마 전 인터넷에 뜬 기사를 보고 적잖이 감동한 적이 있다. 남자아이 둘을 둔 엄마가 아이들이 뛰어 시끄럽게 해서 미안하단 편지와 과일 한 봉지를 아래층 문 앞에 놓아두었다고 한다. 다음 날 위층 현관문 손잡이에 아래층 노부부가 애들이 좋아할 만한 과자 봉투를 걸어 놓았다. 메모지에 요즘처럼 아이들이 귀한 세상에 아이가 뛰는 소리만 들어도 힐링이 된다며 개의치 말라고 했다는 글이었다. 읽는 내 마음이 덩달아 따뜻해졌다.

우리 아파트는 지은 지 오래된 곳이다. 이제는 거의 노인들만 남았다. 아파트 나이만큼이나 함께한 벚나무는 어느새 어른이 되어 봄이면 연분홍 터널을 이룬다. 봄바람이라도 불어올 때면 꽃잎이 눈처럼 날리고 구경하러 나온 낯익은 이웃들이 반가운 인사를 나눈다. 앞산이 코앞이고 옆은 신천이 흐른다. 오래 알고 지내다 보니 내가 사는 동의 주민은 모르는 사람이 거의 없다. 층간소음에 대한 얘기는 많이 들었어도 신경 쓰지 않고 살았다.

아파트는 층간소음이 나지 않을 수가 없는 구조이다. 서너 층 위에서 나는 소리도 바로 위층에서 나는 듯 들린다. 더구나 밤이면 조그마한 소리도 더 크게 난다. 책상 끄는 소리, 뛰는 소리, 물건 떨어뜨리는 소리가 들려도 모두 그러려니 하고 산다. 현관문 하나만 닫으면 바로 바깥세상과 단절되는 아파트는 소통이 어려운 주거 구조다. 그래도 어울리고 싶고 가까이 지내려는 마음에 나보다 젊은 사람을 봐도 먼저 인사를 한다. 낚시 다녀오는 날 마주치는 이웃에겐 힘들여 잡은 갈치라도 꼭 몇 마리씩 나눈다.

이제 손자가 오는 날은 거실이며 방마다 이불을 있는 대로 꺼내어 깔아둔다. 아이가 오면 안고 아래층으로 내려가 아주머니에게 미리 양해를 구한다.

"오늘 손자가 왔습니다. 되도록 일찍 보낼게요."

저녁도 먹는 둥 마는 둥 떨어지기 싫어하는 녀석을 보내기 바쁘다. 긴 시간 같이 있어 주지 못하는 아쉬운 발걸음이 주차장까지 함께 따라 내려간다.

배웅하고 돌아서는 길에 보이는 달이 유난히 둥글다. 가로등보다 더 밝은 달빛 아래 나만큼이나 나이 먹은 벚나무 그림자가 길게 늘어져 있다. 정겨운 마음이 들어 등을 기대고 섰다. 봄기운인가. 물오르는 나뭇결이 포근하게 느껴진다. 오랜 이웃처럼 편안하다.

인연인 줄 알았던 인연은 인연이 아니었다

위문편지가 왔다는 보고를 받았다. 이맘때쯤이던 연례행사처럼 전국 각지의 중·고등학생들로부터 쏟아져 들어온다. 행정병에게 예하 부대별로 나누라는 지시를 하고 돌아서던 참이었다. 봉투 하나가 유난히 내 눈을 잡아끌었다. 붓글씨체였으나 상당히 힘이 들어간 글씨였다. 여학생치고는 독특한 필체였다.

편지의 주인공은 전북 군산의 모 여고생이었다. 위문편지가 다 그렇듯 '국군장병 아저씨께'로 시작해서 마지막엔 '답장해 주세요.'로 끝이 났다. 몇 번 망설인 끝에 나 역시 붓글씨체로 정성들여 써 보냈다. 호기심에 시작한 일이었다. 보통 다시 답장이 오게 되는 경우는 드물었다. 거의 모든 위문편지가 연말이면 다들 하는 의무적인 일이라 그렇지 않았을까.

　기대하지 않았는데 편지가 왔다. 자기 반에서 혼자 답장 받아 너무 기뻤다고 한다. 글씨를 잘 쓴데 대한 칭찬도 아끼지 않았다. 지금처럼 전화도 흔하지 않던 시절이었다. 얼굴, 목소리도 모른다. 오로지 편지글로 마음을 전하고 받는 게 전부였다. 퇴근하면 주로 동기들과 어울려 술이나 마시며 시간을 보내다가 생활의 활력소가 생겼다. 열일곱 살 여학생과 편지로 사귀게 된 경위였다. 보내고 오기까지의 기다림은 설렘과 기대감으로 물든다. 퇴근하는 발걸음이 한결 가벼워졌다.

　아이가 졸업반이 되었다. 군산에 한번 놀러오지 않겠느냐는 제의를 받았다. 두 해 가까이 주고받은 편지가 라면 박스로 가득 찰 무렵이었다. 그래도 막상 만나려니 또 감정이 묘하고 새롭다. 친구들은 펜팔은 펜팔로 끝내야 한다며 주당 클럽으로 돌아오라고 난리를 치던 중이었다. 한참을 망설이다가 가겠다는 연락을 보냈다.

　토요일 오후 세탁소에서 정복을 찾아 입었다. 고속버스 터미널 꽃집에서 장미 한 다발 사서 안고 버스에 몸을 실었다. 마중 나온 아이는 사복을 입었어도 앳된 티가 났다. 머리를 양 갈래로 땋은 무척 희고 동그란 얼굴이었다. 입고 나온 청바지와 흰색 스웨터가 잘 어울렸다.

　초겨울임에도 그리 추운 날씨는 아니었다. 아이는 편지와는 달리 조용한 성격 같으면서도 쾌활한 면도 있었다. 은파유원지에서 보트를 타는 건 처음이라 우리 둘 다 노 저을 줄을 몰랐다. 시간이 되면 제자리로 돌아와야 하는 배가 뱅글뱅글 돌기만 하자 결국 관리인이 끌어주어 나올 수 있었다. 고장 난 차가 견인되듯 끌려가는 내내 함박웃음을 참지 못하던 아이였다. 인적이 별로 없는 월명공원을 몇 바퀴나 돌았다. 가까이 붙어줬으면 하는 마음에 두어 걸음 다가가면 그만큼 멀어지던 숙맥 같은 아이였다. 아무 말 없이 걷고 있어도 그동안 엮은 편지글이 발자국마다 수놓듯 새겨졌으리라.

두 번째로 아이를 본 날은 졸업식에서였다. 꼭 와 줬으면 좋겠다며 군복이 어울리더라는 말을 덧붙였다. 어쩌다 보니 우리가 졸업식의 꽃이 되었다. 위문편지로 시작된 만남이라며 모르는 선생님이 없었고 아이가 속한 반 친구들도 다 알고 있었다. 같이 사진 찍자며 잡아끄는 통에 이리저리 정신없이 끌려다녔다. 아이의 부모님과 언니와도 인사를 나눴다. 뜻밖이었는지 아무 말씀은 없었다.

아이는 진학 때문에 대전으로 거주지를 옮겼다. 거리상 보러 가는 시간이 짧아졌다. 이제 주말이면 대전 아니면 서울에서 거의 매주 만나고 다녔다. 그렇게 만나는 동안 무슨 얘기를 했는지 한 번도 지겨운 마음이 들지 않았다. 터미널로 배웅 받을 때나 배웅할 때나 시간이 너무 짧았다는 생각만 들었다. 지금 생각하면 불가사의한 일이라 할 만큼 좋은 기억만 남은 것 같다.

그 다음 해였나 보다. 인사이동으로 근무지가 바뀌면서 부대 가까운 곳으로 자취방을 옮기게 되었다. 느긋이 통근차를 타고 출근하다가 한 시간이나 일찍 나서야 하는 보직을 받았다. 그 시간만큼 더 자는 게 좋아 아침밥은 항상 거르기 일쑤였다. 권총을 차면 요대가 흘러내릴 만큼 살이 빠졌다.

자취방을 얻어주러 온 어머니가 살 빠진 걸 느끼셨나 보다. 혀를 끌끌 차고선 결혼을 생각해 보라는 말씀을 하셨다. 아이의 얼굴이 떠올랐다. 결혼으로 연결 짓기엔 여섯 살이란 나이 차이가 선뜻 받아들여지지가 않았다. 더구나 교복을 입었을 때 봐서 그런지 결혼 상대자로 생각 든 적이 없었다. 아이도 내 마음과 같은 줄로만 짐작했을 뿐이다. 다섯 번째 해를 넘길 때까지 우리는 손 한번 잡을 생각을 하지 않았다.

어머니의 말씀을 듣고 그나마 결혼이란 단어를 떠올릴 수 있었던 건 우리 인연도 보통 인연은 아니란 생각이 들어서였다. 그 많은 위문편지 중에 하필이면 내 눈에 띈 것부터, 다섯 해나 편지와 만남으로 주고받은 시간도 짧은 세월이 아니지 않은가.

약속했던 대전에서 아이를 만났다. 본 김에 운을 떠봐야겠다는 생각에 마음이 조급해졌다. 무엇보다 나를 싫어하지 않는 건 분명하고 이리저리 옮겨 다니는 군인을 이해하는 것 같았다. 오랜만에 부모님께 인사드리자며 군산으로 향했다.

그날따라 다행히 부모님은 집안 행사가 있다며 집을 나서고 둘만 남았다. '우리 결혼할러?'라는 말이 왜 그렇게 어려웠을까. 입안을 맴돌기만 하지 좀처럼 밖으로 나오려 하지 않았다. 답답한 마음에 손이 먼저 나갔다. 한 번도 잡지 않았던 아이의 손을 덥석 잡은 순간이었다.

"어머, 오빠 왜 이래요?" 아이가 화들짝 놀라며 손을 뺐다. 아이가 놀란 것보다 사실은 내가 더 놀랐다. 나이 먹은 지금 생각하니 어쩌면 당연한 방어반응이지 않았을까 싶다. 이런 상황이 되리란 생각을 하지 못한 내 손이 방향을 잃었다. 한참 동안 허공을 만지작거리고 있었다. 그토록 좋았던 공간이 불편하고 부자연스러웠다. 그 상황을 빠져나오기 위해 서울로 갈 시간이라며 나설 수밖에 없었다. 아기는 배웅도 하지 않았다.

버스 창가에 자릴 잡고 앉아 뒤늦게라도 왔을까 싶어 두리번거렸다. 차가 출발하고 플랫폼이 보이지 않을 때까지 눈길을 돌리지 못했다. 날 이성으로 생각하지는 않는 모양이라는 마음이 들었다. 그날 밤 곧장 편지를 써 보냈다. 결혼하고 싶다는 말을 곁들였다. 대전 터미널 우리가 항상 만나던 곳에서 보자고 하였다. 보름이란 충분한 기간을 주었다.

약속 장소에서 무려 네 시간을 기다렸다. 아이는 끝내 오지 않았다. 매일같이 오던 편지도 오지 않았다. 허망한 마음을 안고 서울로 돌아올 수밖에 없었다. 평생을 같이할 사람이 되기에는 나는 흠이 많은 사람이다. 직업군인이라 거주지도 계속 옮겨 다녀야 하고 보수는 박봉이었다. 망설일 수밖에 없지 않았을까. 밤이면 이런저런 미련으로 잠을 설치기 일쑤였다.

동기들의 주당클럽으로 돌아갔다. 이후 아이와 가졌던 모든 추억을 잊기로 마음을 먹었다. 마지막이라는 편지가 배달되지 않았던 것도 모른채 였다.

그날도 얼큰하게 취해 자취방이 있는 골목 입구를 들어섰다. 웬일로 방을 소개해 줬던 복덕방에 불이 켜져 있었다. 마침 늦은 손님을 보내고 들어가려던 참이라며 영감님이 한잔 더 하고 가라며 붙들었다. 주당이 술을 마다하면 주당이라 불릴 수 없지 않겠는가. 그날 이후 꼭 2차는 복덕방 영감님과 함께였다. 스스럼없이 지내다 보니 속에 든 얘기까지 나누는 처지가 되었다.

"자네. 선 한번 보겠는가?"

별안간 그 아이가 머리에 떠올랐다가는 사라졌다. 진담인 줄 모르고 "그러지요." 해버렸다.

그날은 어쩌다 보니 주당클럽 멤버 모두 일이 있었던지 간만에 맨정신으로 자취방으로 향했다. 복덕방도 열려는 있는데 아무도 없었다. 대문을 여니 내 방 쪽마루에 앉아 있던 복덕방 할머니가 후다닥 쫓아 나왔다.

"뭐 하고 이제 와? 아가씨가 우리 집에 와 있다.'라며 빨리 오라고 바람이 일 정도로 손짓을 해대셨다. 얼마나 재촉을 했으면 선보러 가는 놈이 군복 윗도리만 벗어 놓고 런닝셔츠 차림에 슬리퍼를 끌며 갔을까. 그 차림으로 가 선이란 걸 보았어도 인연은 인연이었나 보다. 할머니의 타박에도 아내와 결혼까지 일사천리로 진행되었다.

나라에 변고가 생기고 천직이라 여기던 군복을 벗었다. 거주지도 고향인 대구로 옮겼다. 군 생활이 내 삶의 터전이자 목표였다. 사회에 적응을 못 해 한동안 애를 먹었다. 아이가 생기면서 원하던 직장도 얻자 어찌어찌 기반이 잡혀 가던 때였다.

몇 해나 지났을 때인지 기억도 아스라하다. 어머니로부터 비구니 스님이 날 찾는다는 전화를 받았다. 처음엔 알아보질 못했다. 찬찬히 살펴보니 살만 좀 빠졌지 그 아이였다. 무슨 일인지 궁금해 하는 눈들이 너무 많았다. 모두 자리를 물린 후 같이 대청마루에 걸터앉았다. 기가 막혔다. 갑자기 눈시울이 뜨거워졌다.

긴 침묵을 깨고 스님이 된 게 나 때문인지 물었다. 아이가 고개를 가로 흔들었다. 참담해 하는 내 심정을 읽은 모양이다. 자기는 다른 길을 찾았으니 걱정하지 말라며 운을 뗀다. 운문사 승가대학에서 교육을 끝내고 가는 길이라며, 한번은 봐야 마음이 홀가분할 것 같아 왔다고 했다. 토닥여주고 싶은 마음이 들었다. 애틋

한 마음과는 달리 손이 움직여지지 않았다.

"아직도 떨쳐낼 미련이 남아 있는가 봐요. 지워버리기엔 너무 길고 아까운 시간이었잖아요." 조곤조곤 얘기하는 목소리가 비수처럼 가슴을 헤집으며 후비고 있었다.

몇 년 후 지나가는 길이라며 한 번 더 얼굴을 보여주고 갔다. 바람결에 충청도 모 사찰에 있다는 소식은 들었다. 일 년에 한두 번 안부 전화가 오더니 이제는 그마저도 끊긴 지가 오래다. 좋은 인연은 시작보다 끝이 좋다던데, 우리의 연은 거기까지였다. 내가 인연이라 생각했던 인연은 인연이 아니었다.

조물주 위에 건물주라더니

아들이 살던 아파트를 팔겠다는 연락을 해왔다. 며늘아기와 맺어주면서 사 준 집이다. 자주 볼 심산으로 같은 단지 건너편 동을 구입해 주었다. 그런데 이를 팔겠다니 무슨 청천벽력靑天霹靂 같은 소린가 싶어 저녁에 집에서 보자는 말로 전화를 끊었다.

근무하는 직장 근처에 싸게 나온 상가건물이 있어 이사 가고 싶다는 얘기였다. 월세도 많이 나온다는 둥 시세보다 싸다는 둥 날 설득하려 안간힘을 쓴다. 말려 봐야 부자 간에 성채기만 생길 것 같아 잠자코 듣고만 있었다. 둘의 월급이면 돈을 모으면서 살 걸 왜 사서 고생하려는지 안타까운 마음이 들었다. 문득 스무 해도 더 지난, 생각하기도 싫은 기억이 떠오른다.

아들이 고등학생이 되었을 때였다. 새벽에 등교하면 밤이 이슥해서야 들어왔다. 씻고는 또 책상 앞에 앉는다. 나날이 파김치가 되어가는 걸 보니 안타까웠다. 학교 근방에 집을 구하기로 마음먹었다. 몇 날 며칠 발품을 판 끝에 구한 것이 4층짜리 상가주택이다. 대구의 대표적인 중심가인 데다 유동 인구가 많은 곳이었다. 그래서인지 한 층도 빈 곳이 없었다. 임대료도 상당해 여러모로 잘 결정했다는 생각이 들었다.

두 해가 채 지나지 않았을 때였다. 지하철 2호선 공사가 시작되었다. 사람들의 왕래가 뜸해졌다. 장사가 안 되어서인지 계약 기간이 끝나면 재계약이 되지 않았다. 1층의 분식과 통닭, 두 집만 제외하고 다 비었다. 그마저도 어렵다고 해 임대료를 반이나 깎아 주었다. 건물에 들어서서 집으로 올라가는 계단의 적막한 분위기는 소소리바람이 들이치는 듯 마음을 움츠러들게 했다.

퇴근하면 편의점에서 음료 한 잔을 하며 동네 사람들과 자주 어울렸다. 나를 본 통닭집 여주인이 몸을 배배 꼬며 오더니 말을 건넨다. 배달 갈 동안 가게 좀 봐 달라는 얘기였다. 면전에서 거절 못 하는 게 내 단점이다. '임대료도 반이나 깎아줬는데'라는 말을 하고 싶었지만 그러마고 해버렸다. 봐줄 동안 홀에 손님이 들었다. 주인에게 배워 주문받는 건 물론이고 통닭도 튀기고 똥집도 튀겼다. 찜닭은 내가 한 게 더 맛있다는 손님도 생겼다. 영락

없이 팔자에 없는 통닭집 주인이 되었다.

젊은 남자 둘이 비어 있던 2층에 레스토랑을 하겠다고 찾아왔다. 이 골목에서 장사가 되겠는지 물어 보았다. 세만 받으면 되지 별소리를 다 한다는 표정이었다. 몇 개월이 지나지 않아 동네 사람의 항의가 빗발쳤다. 세도 가려가며 놓으란 말에 의아한 생각이 들었다가 곧 이해하게 되었다. 남자 성 소수자들이 흩어져 장사하다가 마치면 모여 회포를 푸는 장소가 바로 이 집이었다. 그 유명한 '하리수'를 매일 볼 수 있었던 사람이 바로 '나'였다. 성소수자가 그렇게 많은 줄 몰랐다. 2층 서른 평도 좁아 계단은 물론이고 골목까지 점령하고는 새벽까지 떠들어댔으니 항의하는 것도 당연하다 싶었다.

그래도 어김없이 시간은 지나갔다. 계약 기한이 다가올 즈음 사장을 만났다. 재계약은 어렵겠다고 하자, 인수할 사람이 있다면서 권리금이라도 받게 해 달라며 통사정을 해 왔다. 나도 군복을 벗고 가족과 처음 셋방 살던 기억이 떠올라 승낙을 해 주었다. 며칠 후 젊은 여자 둘을 데리고 왔다. 권리금으로 얼마를 받아 갔는지 모르지만, 내 속은 날아갈 듯 가벼웠다.

그로부터 두 주일도 채 지나지 않았을 때였다. 옥상에 개밥 챙겨주러 올라갔다가 골프 연습을 하던 옆 건물 주인과 눈이 마주쳤다. 잘 만났다는 듯 우리 2층이 호모 바에서 레즈비언 바로 바꿘 걸 아는지 묻는다. 차라리 그전이 나았다며 차마 눈 뜨고는 못 볼꼴을 많이 본다며 혀를 끌끌 찼다. 이분도 말끝에 세를 가려 가며 놓으라고 한다. 누군들 그러고 싶지 않겠는가.

세 놓는 게 진절머리가 날 즈음이었다. 이번엔 젊은 부부가 3층을 사무실로 쓰겠다고 왔다. 그래 이제 정상적인 세입자가 들어오나 보다 싶어 기분이 좋아졌다. 그런데 이삼일에 한 번쯤 자정이면 아래층에서 향 태우는 냄새가 올라와 코를 거슬린다. 기분이 싸해지면서 이상한 생각이 들었다. 출근하면서 슬며시 문을 열어 보았다. 젊은 남녀가 이십여 명은 되어 보였다. 하나같이 하얀 두루마기를 입고 둘러앉아 밥을 먹다 말고 일어나 허리를 구십 도로 꺾으며 인사를 해서 나도 얼떨결에 정중히 배꼽 인사로 답했다. 들어와 차 한잔하라고 해도 분위기가 심상찮아 들어가지 않았다.

며칠이나 지났을까. 초인종 소리와 함께 개들이 죽을 듯이 짖는 소리에 잠을 깼다. 시곗바늘은 새벽 2시를 가리키고 있었다. 경찰관과 낯선 사람들이 떼거리로 몰려와 문을 열어 달라며 아우성친다. 개들을 옥상으로 올려 보내고 잠을 깨운 것에 역정은 났지만, 꾹 참고 이유를 물었다. 가출한 자식들이 이곳에서 합숙한다는 소식을 듣고 와 다 찾아봐도 없던 모양이다. 수색영장 가져오라고 하려다 문을 열어 주었다. 옥상부터 안방까지 다 뒤지고 내려갔다. 자다 이 무슨 날벼락인가, 하고 싶었다. 다음 날에야 무슨 '도道'와 관련된 종교단체란 걸 알았다. 이젠 세를 놓는 것이 겁이 났다. 하나 남은 지하는 억만금을 준대도 세를 놓지 않겠다고 마음 먹었다.

그날은 무척 더웠다. 편의점에서 쭈쭈바 하나를 사 파라솔 밑에 앉아 빨고 있었다. 웬 개그맨 백금녀같이 생긴 분이 쭈뼛거리며 오더니 옆집 지하가 빈 점포인지 묻는다. 모른다고 했으견 될 걸 친절하게 되물었다.

"뭐 하시려고요?"

내 덩치 두 배나 되는 곰 같은 아주머니가 다방을 하겠다는 얘기였다. 아무리 살펴봐도 다방을 할 스타일은 아니다. 어차피 망가진 모양새라 마저 계약을 해버렸다.

며칠 후 아가씨 둘을 데려와 장사하는데 예상과는 달리 수완은 보통이 넘었다. 퇴근 시간을 용케 알아 차만 세우면 딱 마주친다. 아마도 기다리고 있었던 것 같은 생각이 들었다. 장사는 좀 되었는지 물어보기 바쁘게 차 한잔하라며 지하로 밀어 넣는다. 그 덩치에 떠밀려 내려가면 나만 먹는 게 아니다. 마담도 한잔, 아가씨도 한잔, 주방 이모도 한 잔씩 사주다 보니 다방에 주는 돈이 월세 받는 것보다 몇 배나 더 많았다. 그래도 어쩌랴.

또 한 해가 지나갈 즈음이었다. 고등학생이 된 뜰과 집에 올라가려고 건물 입구에 들어선 순간 깜짝 놀랐다. 2층에서 그날 특별

한 행사를 하는지 차마 보기 민망한 차림을 한 여자들이 다리까지 쩍 벌리고 앉아 온 계단을 점령하고 있었다. 그것뿐 아니었다. 떼거지로 피워대는 담배 연기로 인해 눈을 뜰 수가 없을 정도였다. 딸의 눈을 가리다시피 해서 겨우 헤쳐 올라왔다. 우리 가족은 고사하고 옥상에 사는 개 다섯 마리까지 모두 니코틴 중독에 걸릴 판이다. 이젠 사람부터 개까지 다 방독면을 사야겠다는 생각이 들었다.

또 인터폰이 울린다. 통닭집이다. 이건 아니다 싶었다. 아내는 제발 이사 가자고 난리였다. 나 역시 세입자를 가려 들이는 것보다 도망가는 게 백 번 나을 것 같았다. 내놓고 느긋이 기다렸으면 좋은 값에 넘길 수 있었다. 하도 아내가 조르는 통에 연전에 산 금액보다 훨씬 적은 돈을 받고 팔아버렸다.

아들 녀석에게 조곤조곤 일렀다. '조물주 위에 건물주'라는 말은 말짱 헛소리다. 건물주는 아무나 하는 게 아니란 얘기를 입이 아프도록 해줘도 듣는 놈은 마이동풍馬耳東風이다. 에라. 집을 팔든 건물을 사든 네 마음대로 한번 해봐라 싶어 입을 닫았다. 나는 떠올리기도 싫은 건물주 시절이 생각나 머리가 다 지끈거리는데 아들 녀석은 구름 위에 올라탄 듯 마냥 즐거운 표정이다. 죽어 봐야 저승 맛을 안다고 했다. 경험만 한 스승이 없다는데 이 녀석도 인생 공부를 톡톡히 하고 싶은가 보다.

천성

막 점심을 먹으러 나가려던 참이었다. 휴대폰이 부르르 떤다. 단골이긴 해도 반가운 인물은 아니다. 받고 싶지 않아 엎어 버렸다. 초밥 한 접시를 먹는 내내 쉴 새 없이 떨어대는 통에 밥알이 곤두설 지경이었다.

원래 질긴 녀석이다. 안 그래도 시간에 쫓기는 요즘인데 또 뭘 팔아 달라고 할 게 분명하다. 그나마 예전처럼 죄짓고 연락하지 않는 걸 위안으로 삼는다. 속속들이 알면서도 궁금증에 못 이겨 결국 전화를 넣고야 말았다.

"어쩐 일이냐?"

"예 형님! 사무실에 계시는가 싶어서요."

이 친구는 좋게 말해서 장사꾼이지, 연을 맺은 건 조폭 생활을 할 때다. 점포를 내지도 않고 상도의가 뭔지도 모른다. 아무 사무실이나 일단 사람이 많은 곳은 들어가고 본다. 최대한 굽신거리며 팔아 달라고 해도 매몰차게 문전박대를 당하는 경우가 있다. 그럴 땐 의자 하나 당겨 앉아 뻑 하면 종아리에 차고 있던 시퍼런 회칼을 꺼내 제 수염을 쓱쓱 밀어댄다. 겁나서 팔아주고 더러워서도 사준다. 신고 당해 잡혀 가면 뒤처리는 또 내 몫이다. 조금 비싸 그렇지, 그렇다고 영 쓰지 못하는 물건을 파는 건 아니다. 목걸이형 선풍기는 엄청나게 팔아주었다. 그렇게 팔아줘도 공짜로 한 개 주는 법이 없다. 그런데도 오면 앞장서서 팔아준다. 아마 연봉을 따지자면 나보다 더 많을지도 모른다. 오늘은 또 뭘 들고 오려는지 자못 궁금하다.

서른두 해 전이었다. 빌려 간 수억 원의 수표를 부도낸 후 막냇삼촌이 연락을 끊었다. 내 발로 찾아간 경찰서 유치장에서 뜬눈으로 이틀을 보냈다. 평생 그렇게 깊고 많은 생각을 한 적이 없었다. 사람을 좋아하고 어려운 친구들은 어떻게든 챙기며 살아온 여태까지의 신념이 무너져 내리는 걸 느꼈다. 세상에 대한 불신과 원망으로 삶의 의욕마저 꺾으려던 차에 친동생 같은 대학 후배가 찾아왔다. 수표를 모두 회수할 정도의 금액이 든 통장과 도장을 건네면서 여유 있는 돈이라며 천천히 갚아도 된다는 얘기만

하고 갔다. 진심으로 후배 보기가 부끄러웠다. 그 바람에 다음을 고쳐먹은 계기가 되었다.

그 돈을 다 갚을 때까지 옆도 돌아보지 않고 살았다. 물론 어머니의 도움도 컸다. 빚을 다 갚은 날, 홀가분한 마음으로 퇴근하니 어머니가 와 계셨다. 아내로부터 무슨 얘길 들으셨는지 조곤조곤 당부하고 가셨다.

"넌 사람을 너무 좋아해서 탈이다. 사람과 사람 사이에도 여백餘白이 있어야 하는 법이다. 제발 뭐든 적당히 하고 네 가족이 제일 우선이라는 생각으로 살아라."

아무리 그렇게 맹세했어도 허물어지는 건 금방이다. 부도났다는 소릴 듣고 얼씬거리지도 않던 사람들이 또 얼굴을 빼꼼히 들이민다. 미운 마음은 잠깐이다. 어쩌겠는가. 불러들여 곁불이나마 쬘 수 있도록 하나둘 허락을 하고 보니 다시 어울리게 된다. 안도현 시인의 '너에게 묻는다.'란 시가 생각난다. '연탄재 함부로 차지 마라. 너는 누구에게 한 번이라도 뜨거운 사람이었느냐'는 시에서 느낀 바가 컸다. 나는 과연 누구에게 한 번이라도 뜨거운 사람이었을까를 생각하게 하는 구절이었다. 뜨겁지는 못해도 따뜻한 사람은 되고 싶었다.

올해로 갈치낚시를 다닌 지 스무 해가 가깝다. 낚싯배 선착장 근처에 멸치덕장이 있다. 출항 시간이 남았을 때 가끔 들러 어슬렁거리며 흘린 생멸치를 주워 담아 갈치 미끼로 쓰거나 금방 솥에서 삶아낸 걸 한 줌 집어먹기도 한다. 그러거나 말거나 주인 양반은 모르는 체 일만 하고 있었다. 그저 사람 좋아 그런 줄로 알았다.

얼굴을 익힌 지 서너 해나 지났을까. 어디서 들었는지 직업상 아는 사람이 많을 테니 멸치 좀 팔아 달라는 부탁을 해 왔다. 멸치 몇 마리 주워먹은 죄로 사람 앉는 자리까지 좁히면서 멸치 박스를 빽빽이 실어준다. 돌아오기도 전에 멸칫값은 직원을 시켜 입금해 주었다.

처음엔 글벗들에게 팔았다. 그냥 심부름만 한 거나 다름없었다. 그다음엔 직접 통화하기가 부끄러워 휴대폰에 저장된 번호마다 문자를 보냈다. 내가 생각해도 정말 많이 팔아줬다. 남은 멸치는 냉장고에 넣어야 하는 걸 모르고 차에 싣고 다니다 곰팡이가 피어 못쓰게 되었다. 남기는 이윤도 없으면서 큰 손해를 봤다. 그다음부터 남는다 싶으면 동네 채소 노점 하는 할머니나, 하다못해 단골 야쿠르트 아줌마에게도 선물했다.

비단 이것뿐이랴. 그동안 정말 밥 팔아서 죽 사 먹을 짓을 무수히 많이 하고 다녔다. 낚시만 해도 그렇다. 상당한 비용을 들여 잡아 온 갈치다. 팔라는 권유를 딱 한 번을 제외하고는 듣지도 않았다. 집에서 먹을 몇 마리만 챙긴 다음 온동네 혼자 사는 노인들에게 나눠주었다. 동네 사람 말에 의하면 구의원 출마하면 선거운

동 안 해도 된다는 얘기가 나올 지경이다. 오죽하면 날 부르는 호칭이 갈치 아저씨 아니면 멸치 아저씨로 불릴까.

이십 수년 전 산재사고를 처리해 주면서 이 사람을 알게 되었다. 그날 이런저런 얘기를 많이 나누었던 걸로 기억한다. 그렇게 연결되어 속한 직장의 산재사고를 비롯한 소송사건을 더러 맡았다. 서너 해 전에 정년퇴직하고 고향으로 귀농한다며 가 놓고는 소식이 없었다. 작년 여름이 한창이었을 때 연락이 왔다. 이제 농촌에 자릴 잡았다며 토종닭 백숙이나 해 먹자는 전화였다. 친하게 지내던 친척이나 친구에게도 통지한 모양이었다.

그날 뙤약볕이 내리쬐는 고추밭 사이로 도망 다니는 닭을 잡아 황기와 엄나무를 넣고 가마솥에 푹 고았다. 뽀얀 국물 위를 동동 떠다니는 노르스름한 기름을 보니 염천 더위에 집 나간 입맛이 돌아온 것 같았다. 채소 겉절이를 곁들여 정신없이 먹었다.

해거름이 다돈 시간이었다. 이 사람이 쭈뼛거리며 고춧가루를 팔아 달란 얘기를 꺼냈다. 얼마나? 하고 배당받은 게 무려 육백여 근이다. 먹은 닭이 도로 살아 올라올 것 같은 느낌이 들었다. 같이 오지 말고 각자 차를 갖고 오라고 할 때 눈치를 챘어야 했다. 평생 월급쟁이로만 살았으니 파는 일은 용기가 나지 않았던 것 같다. 나 역시 장사라곤 꿈에도 해 본 적이 없으면서 그 엄청난 양을 덥석 받아버렸다.

막상 집에 도착하고 보니 걱정이 태산이다. 일단 고춧값부터 입금해 주었다. 돈을 주고 나니 어떻게든 팔리겠지 싶은 생각이 들며 이상하게 마음이 느긋해졌다. 글벗을 비롯, 심지어 교회 교우들과 사건 관계로 아는 사람들까지 다 연락했다. 요즘 사는 게 어려운지 묻는 사람이 대부분이었다. 사무실 문 닫았냐며 전화기 너머로 한숨 쉬는 소리가 들릴 때도 있었다. 팔아준다는 말에 경산 들러 영천까지 배달을 갔다. 합해서 여덟 근밖에 못 팔았다. 돌아오는 길이 얼마나 멀던지, 스물한 살이나 먹은 차 기름 값이 내내 머릿속을 맴돌았다.

결국, 어느 한 가지도 다 팔아주지 못하면서 누가 들고 오면 손부터 먼저 나간다. 냉장고가 네 대나 있어도 저지른 게 하도 많아 보관할 곳이 없다. 안 팔리는 건 또 이리저리 나누어줘야 한다. 내가 필요해 쓴 돈도 아닌데 통장 잔고는 깨진 독에 물 새듯 표가 날 만큼 줄어든다. 그래도 팔아줘야 마음이 편하니 어쩌겠는가. 남을 함부로 대했다가 불편했던 경우보다 마음이 태평스러운 걸 보니 기분도 괜찮다.

사람의 성품은 하늘이 정해주는 것이 아닐까. 이미 세상에 올 때부터 정해져 있는 성향이 자라온 환경과 섞이면서 어찌할 수 없는 자기만의 모습으로 굳어진 것이 천성이라는 생각이 들었다. 나 같은 사람은 태어날 때부터 사람을 좋아하게 타고난 것 같다.

주위의 청을 거절 못 하는 것도 있지만 근본은 사람을 잃고 싶지 않은 마음 때문이라고 위로를 삼곤 한다.

사람 사는 세상에 돈이 있어야 하지만, 굳이 얽매여 살고 싶지는 않다. 곤란한 입장에 처한 사람은 도와 가며 어우러져 사는 것이 인지상정人之常情이 아닐는지 혼자 자문해 보곤 한다. 서른두 해 전 그렇게 다짐을 하고 또 다짐했건만, 언제 빗장이 풀렸는지 모르게 풀린다. 어쩌지 못하고 고치지도 못할 나의 물러 터진 마음도 결국 천성天性이 아닌가 싶다.

하고재비

 어른이 되면 꼭 해야겠다고 마음먹은 게 있었다. 몰래 하다가 혼이 난 경우에는 더 그랬다. 원래 하지 말라고 하는 건 뭐든 더 하고 싶은 게 사람 마음이 아닐까. 그렇다고 다른 친구들처럼 몰래 담배를 피우거나 몰려다니며 사고친 적은 없다.

 반세기나 지난 얘기다. 학교서 돌아오니 그림을 그려 둔 스케치북과 노트들이 마당에 널브러져 있었다. 등교하고 없는 사이에 할아버지가 내 방을 들러보시고 손주가 그림 그리는 걸 알고 화가 나셨던 것 같다. 예전에는 그림이나 음악을 하면 춥고 배고픈 길이라며 막았다. 호된 야단을 맞고 그림은 불살라졌다. 눈물이 핑 돌았다. 그림은 내가 하고 싶은 유일한 취미이자 특기였다. 어린 나이였어도 가슴 안쪽에 무언가 울컥 솟아오름을 느꼈다. 숙제도 뒷전, 공부도 팽개쳐 버렸다. 다른 곳으로 눈을 돌리게 된 계기가 되었다.

종손이라 집안의 기대를 한껏 받고 자랐다. 무엇 하나 모자람 없이 전폭적인 지원과 지지를 받았다. 공부도 뒤처지지 않을 만큼 했고 밖으로 돌기보다 그저 방에서 조용히 그림 그리는 게 좋았다. 취미임을 몰라주고 공부만 하라는 할아버지나 아버지의 뜻을 따르기 싫었다. 군에 몸담을 때 부모님과 상의 없이 결정한 것 또한 일종의 반항심이 아니었을까. 본의 아니게 도중에 군복을 벗게 되었어도 바르게 갈 길이 없었던 건 아니었다. 두 해 가까이 술독에 빠져 산 것은 내 나름의 못난 시위였는지도 모른다.

제정신이 들어 밥벌이하고부터였다. 여유만 생기면 취미 생활이란 핑계로 일단 입문하기에 바빴다. 배우고 싶은 건 뭐든 덤벼들고 본다. 매번 이러다 보니 끝을 보지 못한 일도 부지기수다. 잘 안 되어 포기한 것도 있지만 내 뜻과는 맞지 않아 그만두는 일도 생겼다. 모두 일시적인 만족은 있었지만, 허전함은 항상 채워지지 않고 그대로였다.

정확히 언제인지는 잘 기억이 나지 않는다. 나보다는 한 살 많고 촌수로는 외종숙外從叔이다. 어릴 때는 '아재'라고 부르며 친구같이 지냈다. 눈에서 멀어지면 마음도 멀어진다더니 대학 갈 무렵까지 사흘들이 얼굴을 보다가 군에 간 이후로는 한참 잊고 살았다.

흥부전에나 나와야 할 '제비'라는 단어가 사회적으로 한창 유행하던 때였다. 뜨거운 나라에서 남편이 벌어 보내준 전 재산을 제비에게 다 탕진한 주부를 상담한 적이 있다. 호기심이 또 발동을 걸었다. 나도 한번 배워 보고 싶다는 언질을 준 지 며칠이 지나지 않아 연락이 왔다.

해가 중천에 떠 있는 대낮임에도 댄스학원은 별천지가 따로 없었다. 휘황찬란하게 돌아가는 조명 속에 야시시한 차림의 여자와 남자가 마주잡은 손을 잡아 밀고 당기며 무아지경으로 돌고 있었다. 그곳에서 한동안 못 만났던 아재를 만났다. 은행에 다니더니 언제 배웠는지 그곳 학원장이 되어 있었다.

휴일도 잊은 채 한 달 내내 채무자가 일수 찍듯이 줄기차게 학원 문전을 들락거렸다. 그러나 도통 춤만큼은 마음먹은 대로 되질 않았다. 내가 바로 그 귀하디귀하다는 몸치였던 모양이다. 살면서 제법 명석하단 소릴 들었고 군에서는 수천 명이 넘는 장병들의 계급과 군번, 주민등록번호와 주소까지 다 외웠던 머리였다. 배우면 안 되는 게 없었다. 그런데 발을 짚고 돌아나가야 하는 춤추는 코스는 당최 외워지지 않았다. 가장 큰 문제는 낯선 여인이 손을 잡고 바짝 다가서면 가슴이 간질거려 견딜 수가 없었다는 것이다. 엉덩이를 뒤로 빼다가 핀잔을 듣기 일쑤였다. 춤이 될 턱이 없다. 암만해도 안 되는 것도 있나 보다. 결국 내보려던 제비 흉내는 물 건너가고 말았다.

친형제 이상으로 가깝게 지낸 후배가 세차장을 차렸다. 크게 신세 진 적이 있던 터라 자주 가게 되었다. 비 온 다음 날은 눈코 뜰 새가 없어 거들기도 하고 돈도 받아준다. 간혹 누가 사장인지 헷갈리는 손님도 있을 정도였다. 사무실 안은 세차하러 온 사람들끼리 동전을 놓고 심심풀이 카드 판이 벌어지는 일이 잦았다. 화투는 육백부터 고스톱까지 섭렵했어도 카드는 몰랐다.

구경하고 있던 나를 본 단골 중 한 사람이 인원이 모자란다면서 같이 하길 권했다. 못한다고 손을 내저었다. 금방 배울 수 있다며 포커 족보를 종이에 적어 부추겼다. 처음 몇 번은 가르친답시고 쥐고 있는 서로의 패를 바닥에 놓고 설명해 주었다. 몇 번 듣고는 자신감이 생겼다. 큰돈도 아니고 천원짜리를 놓고 하는 게임이라 적어준 종이를 앞에 내려놓고 바로 덤벼들었다.

처음 받은 네 장의 카드 중 두 장은 내려놓아야 한다. 카드에 정신이 팔려 달라진 분위기를 눈치채지 못했다. 어느 걸 내려놓아야 할지 망설이고 있을 때였다. 갑자기 뒤에서 손가락으로 탁 짚어주며

"이거 내면 되겠네."

하는 게 아닌가. 두 장의 카드를 내려놓으며 뒤돌아 감사하다고 말하는데 경찰관이었다. 둘러보니 온 세차장이 경찰들로 가득 찼다. 누군가 신고한 모양이었다. 바닥에 놓인 걸 전부 합쳐도 일만 원도 안 되는데 무슨 억대 도박판인 양 버스까지 끌고 왔다.

"몇 판 했어요?"

조사하는 경찰관이 물었다. 한 판도 못 했다고 하자, 거짓말하지 말고 바른대로 대라는 목소리가 커졌다. 버럭 짜증이 치밀어 올랐다. 와이셔츠 주머니에 넣어 왔던 포커 족보가 적힌 종이를 꺼내 흔들며 나도 소리를 질러 버렸다.

"오늘 배워 첫판 받다가 잡혀 왔는데 뭘 바로 댈까요? 뭐 낼까 고민하다가 저 양반이 시키는 거 냈구먼."

짚어준 경찰을 손가락으로 지목하자 갑자기 좌중에 웃음보따리가 터졌다. 결국 천 원짜리 몇 장과 동전만 수두룩한 압수물로 인해 도박은 아니란 생각이 들었나 보다. 장난으로도 하지 말라는 훈계를 듣고 나올 수 있었다.

그 후로는 사진에 빠져 나름 유명한 국전 작가에게 사사받았다. 사진전에 내려면 찍는 것보다 포토샵을 잘해야 한다는 소리에 접어버리고 대형 바이크로 눈을 돌렸다. 시원하게 한번 달리고 오면 붙어 있던 스트레스는 깔끔하게 날아가 버렸다. 다섯 해가 지나도록 아내 몰래 잘 타고 다니다 들켜 처분할 수밖에 없었다. 색소폰은 어느 정도 불다 보니 제약이 많아 시들해졌다. 자격증과 면허증은 시간 날 때마다 따러 다녔다. 요리도 배웠지만, 나이 드니 귀찮아져 요즘은 만들어 놓은 밀키트를 사 먹는다. 서예도 배우고, 그림은 아버지 돌아가신 후부터 틈틈이 붓을 잡는다. 다니던 등산은 오른쪽 무릎 연골을 다친 후로는 그만두었다. 낚시는 민물부터 갯바위 낚시까지 다 섭렵했다. 지금은 갈치낚시를 제일 열심히 다닌다. 비단 이것뿐이겠는가.

'가자미가 된 남자'란 수필집을 낸 분의 글을 읽은 적이 있다. 부레가 없어 빠르게 헤엄치지 않으면 죽는 고등어같이 하고 싶은 거 다 하며 살다가 나이 먹은 지금은 바닥에 엎드린 가자미처럼 조용히 지낸다는 얘기였다. 나는 한술 더 떠 고등어보다 더 빠르게 돌아다니는 '참치'다. 왜 이렇게 하고 싶은 게 많을까. 호기심이었을 수도 있고 그림 그리는 걸 막은 할아버지를 향한 반항심은 아니었을까. 어쩌면 채울 수 없는 자기 위안일지도 모르겠다.

경상도에서는 호기심이 많아 무엇이든 하고 싶어하는 사람을 부르는 말이 있다. 표준말이 아니고 방언이라 하기도 뭣하지만 '하고재비' 또는 '하고지비'라고 부른다. 수없이 시작하고 또 다른 것에 눈을 돌리며 부산하게 사는 나 같은 사람을 일컫는 말이 아니겠는가.

아직도 세상에는 하고 싶은 것이 널렸다. 칠십을 눈앞에 두고서도 멈출 기미가 없는 나는 뭐든 하고 싶어하는 사람이다. 아귀처럼 입 벌리고 먹을 게 들어오길 기다리는 신세가 될지라도 끝까지 하고재비이고 싶다.

홀림[詐欺]

사람들의 발걸음이 뜸해졌다. 직원이 건네준 커피 한잔을 들고 내려다본 거리가 스산하다. 새삼 어려워진 경기가 눈에 와닿는다.

건물 입구에 한 여인이 들어서는 것이 보였다. 우리 사무실로 올 것 같았다.

여인은 서글서글하니 시원한 인상에 키까지 훤칠하다. 마주치는 남자라면 누구나 한 번쯤 눈길을 줄 만한 미모였다. 그와는 반대로 표정은 심각할 정도로 어두웠다. 짐작에 사기詐欺를 당한 것 같은 느낌이 들었다.

"이거 사기당한 거 맞죠?"

소파에 앉기도 전이었다. 듣는 순간 웃음이 나왔다. 내 예감이 적중했기 때문이다. 웃음 띤 내 얼굴을 보고 정신이 들었나 보다. 머리카락을 쓸어 올리더니 옷매무시도 가다듬는다.

애기를 풀어놓을 시간이 필요할 것 같아 기다려 주었다. 찬찬히 살펴본 여인은 사기당할 만큼 허술하거나 만만해 보이지는 않았다. 오히려 사기를 당한 어처구니없는 자신에게 화가 나 있는 것 같이 보였다.

여인은 한 번 이혼한 독신녀였다. 번듯한 직업도 있고 아파트와 외제 승용차며 상당한 액수의 예금도 있었다. 경미한 교통사고를 당해 입원을 했을 때였다. 무료함에 인터넷 이혼자들의 카페를 자주 접속해 시간을 보냈다. 거기서 애기를 걸어온 남자와 오프라인에서 만나게 되었다. 어떻게 된 셈인지 보자마자 눈이 맞았다. 한 달도 안 되어 홀린 듯 혼인신고를 하고 동거가 시작되었다.

남자는 평생직업이 사기꾼이었다. 친구와 같이 투자한 큰 회사의 대표라며 명함을 건넸다. 동업을 청산하고 독립할 장소를 고르는 중이라고 홀렸다. 덤으로 백억 가까운 자금이 두 달 후에 넘어온다는 얘기도 곁들였다. 앞으로 돈만큼은 마르지 않는 샘처럼 쓰도록 해주겠다는 남자의 말을 곧이곧대로 믿었다. 여인은 자진해서 우선 자기 돈을 쓰라며 가진 전부를 맡겼다. 날마다 품위 있게 드라마 같은 펜트하우스를 거니는 꿈을 꾸며 보냈다. 애기했던 두 달이 다가오기도 전에 이미 여인의 전 재산은 단 한푼도 남지 않았다. 더 빼낼 것이 없자 남자는 미련 없이 떠났다. 현실을 깨달은 여인에게 남은 것은 없던 빚과 사기꾼의 법적 아내가 되어 있었다는 것 뿐.

사기란, 고의로 사실을 속여 사람을 착오에 빠지게 만들어 재물을 받아 내거나 재산상의 이익을 취하는 것이다. 사기꾼 눈에는 홀릴 얼굴이 보이고, 그 코는 돈 냄새를 맡는 재주가 있다고 한다. 어떤 이유로든 만나는 순간 이미 사기란 늪에 발을 담갔다고 봐야 할 만큼 치길하다. 오죽하면 판검사나 변호사도 사기를 당한다는 얘기가 있을까. 그만큼 걸려들면 빠지지 않고는 배겨나지 못한다는 뜻일 것이다. 오늘 하루도 얼마나 많은 사람이 그들의 덫에 걸리는지 모른다.

나는 직업상 친분을 유지하는 몇 명의 사기꾼이 있다. 가끔 같이 밥도 먹고 차도 마신다. 그만 올 때도 되지 않았냐며 농담 삼아 물어본다.

"이 밥값은 누그한테 사기 친 거냐?"

"하도 많아서 누구 돈인지 모릅니다."

자랑하듯 자기들의 수법을 무용담처럼 들려준다. 듣고 있자니 술을 마시면 취하듯 절로 빠져든다. 내가 이런데 하물며 다른 사람은 오죽할까 싶다.

요즘은 목사님들이 힘든 세상이다. 신학대학을 나오면 부목사라도 봉직할 곳이 마땅치 않다. 궁여지책으로 교회를 개척할 수밖에 없다. 그나마 잘 유지될 수도 있지만, 대부분 어려움에 부닥치게 된다. 아무리 믿음이 좋아도 고난이 길어지면 시험이 오게 마련이다.

여인 둘이 새 신자로 왔다. 두어 달 동안 열심히 출석하고 헌금도 빠트리지 않았다. 예배를 마친 교제 시간에 교회가 너무 어려워 보여 도움을 주고 싶다고 운을 뗀다. 곧 개발되는 땅의 정보를 안다며 먼저 입단속을 시켰다. 사놓으면 연말이 되기 전에 열 배 이상 이익을 남길 수 있다고 홀렸다. 목사님은 친가와 외가를 비롯해 처가까지 돈을 빌려 여인에게 건넸다.

등기필증을 들고 온 목사님의 표정만 봐도 사기당한 걸 직감했다. 합법을 가장한 사기였다. 개발은커녕 아무짝에도 쓸모없는 임야였다. 수십 명이 공동으로 등기되어 어디가 내 땅인지도 모른다. 팔려고 해도 명의자 전부 동의를 받아야 하고 설령 팔더라도 내 손에 남을 돈이 없다. 시세보다 백 배도 더 주었기 때문이다. 물론 두 여인은 그 길로 연락을 끊었다. 꼭 좀 해결해 달라고 매달려도 내 힘으로 어떻게 해 줄 도리가 없었다.

사기란 범죄는 현대사회에 들어와서 생겨난 건 아닌 것 같다. 역사에 나오지는 않아도 구전설화인 봉이 김선달의 이야기에 생각이 미친다. 한양에서 온 부자 상인을 속여 대동강물을 판 얘기는 수도 없이 들었을 법하다. 그 상인과 마찬가지로 사기는 탐욕으로부터 시작된다. 비중을 따지자면 당한 쪽의 책임이 더 큰 경우가 많은 것도 이런 이유이다. 피해자가 사기꾼을 양성하고 있다는 생각이 드는 게 과연 나뿐일까 싶다.

  노력 없이 일확천금을 바라는 건 욕심이다. 재물이 늘면 근심도 느는 법이다. 모두가 성실히 일한 만큼의 대가에 만족하고 살던 사기란 낱말도 없어지지 않을까.

  예전에는 누구나 교도소 가는 걸 두렵게 여겼다. 죄를 짓고 가는 곳이라 인권이 있을 수가 없었다. 교정, 교화에도 인권이 필요하다는 말이 나오고부터 사기꾼은 교도소에 가는 걸 고난이라 여기지 않는다. 자기 직업에 충실했으니 직장인이 보수교육을 가듯 떳떳이 들어간다. 하루 여덟 시간 어김없이 잠을 자도록 해주지, 균형 있는 식단을 삼시세끼 돈 주고 사 먹을 일도 없다. 식사 후엔 운동 시간도 준다. 영치금을 넣어 두고 먹고 싶은 것도 마음껏 사 먹을 수 있다. 그뿐이 아니다. 시간이 나면 끼리끼리 더 고차원적인 수법도 배우고 정보도 나눈다. 이러니 자기가 저지른 일에 대해 후회할 일이 없다. 오로지 생을 마감하는 순간까지 천직으로 여기며 사는 것 같다. 한번 사기꾼은 영원한 사기꾼이란 말까지 있는 걸 보면 절로 고개가 끄덕여진다.

  젊은 시절에 나 역시 인생의 목표를 높이 잡았다. 넉넉한 삶과

풍요로운 노후를 위해 배운 지식은 수단이 되었다. 의뢰인이 희망을 품도록 말로 홀려 믿음을 갖게 만들고 결과에 따라 높은 보수를 받았다. 확률보다 떨어진 결과가 나와도 최선을 다한 것처럼 이해를 시켰다. 돌아보니 내용만 다르지, 사기꾼과 별반 다를 바가 없었다는 생각이 들었다. 삶은 바람대로 풍족해졌다. 그에 반해 언제부터인지 마음이 개운치 않고 잠을 이루지 못해 뒤척이는 밤도 많아졌다.

사기꾼은 당할 사람이 의문을 가질 틈을 주지 않는다. 나 역시 상담하고 계약을 끌어낼 때는 들어주기보다는 말을 한 쪽이었다. 하지만, 지금은 의뢰인과 마주앉기 전에 속으로 삼함기구三緘其口를 되뇐다. 하고 싶은 말이 있을 때마다 세 번 입을 봉하지는 않는다. 다만 말을 한 데 대한 책임은 전적으로 내 몫이라 여기게 되었다. 처음부터 끝까지 들어주고 좋지 않은 결과가 예상되면 실익實益이 없다고 솔직하게 얘기해 준다. 허가받은 사기꾼이란 말은 듣지 않도록.

4
바다. 낚시. 여행 그리고 나눔

부풀어오른 갈치의 몸부림치는 소리가 바다를 울린다.
바늘을 빼는 노인의 들릴 듯 말 듯한 중얼거림이 가슴을 친다.
"갈치나 사람이나 결국 욕심 때문에 망하는겨"

갈치 낚시의 재미

내 취미는 낚시이다.

어느 장르의 낚시나 힘이 드는 건 마찬가지겠지만, 그저 낚시가 좋아서 하기 힘든 줄 모르고 하는 것이며 바다 속에 사는 고기들의 입장에서 보면 고통과 죽음을 주는 나쁜 취미일뿐더러 까딱 잘못하여 실수라도 하는 날에는 용왕님 전에 문안 인사를 드려야 하는 위험도 감수해야 한다.

나는 이런 낚시 중에서도 특히 중노동에 속한다고 일컫는 갈치 낚시를 하고 있다. 통영의 갈치잡이 배를 타고 출항하면 대마도 방향으로 서너 시간 정도 먼바다를 항해하여 배만큼이나 큰 씨앵커(Sea Anchor, 물풍)를 펼쳐 놓고 낚시채비에 들어간다.

낚시는 오후 6시경부터 새벽 4~5시까지 밤새도록 한다. 같이 다니는 짝은 나를 포함하여 4명이다. 30여 년 전부터 같이 갯바위 낚시를 다니다가 매물도 갯바위에서 눈먼 갈치 몇 마리를 걸어 찌개를 끓여 먹은 이후로 지금까지 줄곧 갈치 낚시만 다니고 있다.

갈치는 6월경부터 잡으러 다닌다. 우리는 어느 정도 이력이 붙어 빈 쿨러를 들고 오는 일은 없었다. 즐거운 마음으로 떠나지만. 생각대로 되지 않을 수도 있어 빈 조황으로 돌아오기도 한다. 이런 경우 들인 경비에 대한 본전생각이 간절하기도 한 낚시다.

미끼는 냉동 꽁치를 손가락만 하게 포를 뜬 것이다. 그것을 10개의 바늘에 끼워 바다 속으로 내려보낸다. 낚시를 하는 곳은 수심 60미터에서 100미터 가까이 되는 지점이기에 물 깊이가 표시되는 전동 릴을 쓴다. 처음 채비가 내려가다가 바닥에 추가 닿으면 휘어져 있던 낚싯대가 펴지게 된다. 이때 전동릴을 정지시키고 손잡이를 두어 바퀴 돌려놓고 입질을 기다린다.

성격이 급한 사람은 낚싯대 끝이 '토…톡!'거리는 입질만 와도 대를 번쩍 든다거나, 릴 손잡이가 부서져라 돌려 버린다, 조심스럽게 손잡이를 한두 바퀴 감아 두는 사람도 있고 갈치를 유혹하기 위해 저속으로 감는 사람도 있다. 낚시 방법은 정답이 없기 때문에 각자 나름대로 터득하거나 배운 대로 하게 된다.

내 낚시 방법은 이렇다. '먹으려면 와서 얼마든지 먹어라' 하고 '토톡' 거리는 입질에 신경쓰지 않는다. 작은 갈치들이 조금씩 미끼를 끊어 먹더라도 주변에 큰 갈치가 있다면 달려들 것이 분명하기 때문에 느긋이 기다려 준다.

'톡톡'거리는 입질에 일일이 챔질을 하여 채비를 올려보면 작은 갈치가 대부분이다. 기다리다 보면 낚싯대가 바닷속으로 고꾸라지듯 들어간다거나, 아래위로 흔드는 대갈치의 도끼입질을 보게 된다.

갈치 낚시를 위한 9.77톤의 낚싯배 선실에는 자는 사람, 휴대폰으로 게임을 하는 사람, 또 삼삼오오 모여 앉아 무용담을 펼치는 사람 등등 각양각색의 꾼이 있다. 낚시꾼끼리 각자의 무용담을 듣던 중에 경험 많은 어느 조사가 한 얘기가 떠오른다.

낚시는 연인이라고… 서로 사랑하는 관계의 연인戀人이 아닌, 연구하고 탐구하며 인내하는 연인研忍이라나. 이런 꾼들로부터 가끔 내 지적 능력을 향상시키기도 한다.

갈치 미끼에 대한 얘기도 빼놓을 수가 없다. 꽁치가 비린내가 많이 나서 갈치 미끼에 가장 좋다는 얘기를 들었다. 하지만 갈치뿐만 아니라 바닷속 온갖 고기들이 다 좋아해서 손실이 많은 게 흠이다. 그래서 잡혀 올라온 다른 어종, 즉 삼치와 고등어 또 만세기 포를 떠서 미끼로 쓰기도 한다. 갈치가 떼로 올라올 때는 잡은 갈치 중 작은 놈으로 미끼를 끼우기도 한다. 갈치가 갈치 꼬리를 문다는 말도 있지 않은가. 의외로 아주 큰 괴물 같은 대갈치가 잡혀 꾼들을 기쁘게 해 주기도 한다.

10개의 바늘에 정성들여 썬 미끼를 꿰어 바다 속으로 내려보낸다. 어찌 생각하면 지루할지 모르지만, 바닷속 상황을 머릿속에 그리면서 어떤 놈이 물어줄 것인지 그 씨알을 가늠해 보며 상상하는 지겹지 않은 기다림을 즐긴다. 딴짓을 하다가도 힐끔힐끔 눈동자가 향하는 방향은 낚싯대의 초리 끝이다.

긴 기다림에 호응이라도 하듯 대갈치의 도끼입질을 보게 되면 가슴 저 밑에서부터 전해 오는 전율과도 같은 짜릿함! 우리 낚시인들은 이것으로 기다림에 대한 보상을 받는 건지도 모른다.

갈치 낚시는 나의 개인적인 의견이지만, 감히 다섯 가지 재미가 있다고 생각한다.

첫째는 보는 재미다. 낚여 올라오는 갈치의 지느러미는 천사의 날개짓이 이런 건가 싶을 정도로 세상의 어느 곤충이나 조류들의 날개짓보다 환상적이고 아름답기가 그지없다.

둘째는 낚는 재미다. 그 깊은 곳에서 끌려 나오지 않으려고 버티며 당기는 힘이 내내 낚싯대에 전해지면서 초릿대가 바다속으로 끌려 들어가다가 나오는 걸 보며 '그래, 더… 더 당겨라!', '옳지, 잘~당긴다. 그래! 그래!' 갈치와 대화하듯, 쉴 새 없이 말을 해

가며 올려 바늘에서 떼어 내는 손에 요동치는 녀석으로 힘을 고스란히 느끼며 희열을 맛본다.

셋째는 먹는 재미다. 갈치를 먹는 방법도 여러 가지다. 가장 좋은 재미는 회로 먹는 것이다. 그 식감을 글로 표현하자면 일식집에서 알밥을 먹을 때 알밥에 들어 있는 알들이 톡톡 터지는 듯한 느낌이 들면서 고소하기도 하고 쫄깃쫄깃하며 달착지근한 느낌도 나는 오묘한 맛이라고 얘기하고 싶다.

또 굵은 갈치를 골라 토막을 쳐서 그 몸집에 세로로 칼집을 넣고, 굵은 소금을 툭툭 뿌려 구우면 껍질이 기름기가 솟아오르는 것을 감당하지 못해 부풀어오르다가 터지면서 반드르르하고 하얀 빛깔의 속살을 내어줄 때, 한 점씩 살을 발라 흰쌀밥 위에 얹어 먹을 때의 그 고소함은 회로 먹는 고소한 맛과는 또 다른 미감을 선사한다.

그뿐이랴. 잔잔한 갈치는 멸치와 다시마, 파, 무 등을 넣고 낸 국물에 호박을 듬성듬성 썰어 넣고 소금으로만 간을 하여 마늘과 청량고추를 다져 넣고 단배추를 넣어 끓인다. 이렇게 만든 갈치국은 비린내가 날 것 같지만 워낙 싱싱해서 잡내가 전혀 나지 않고 깔끔하고 시원하다.

작은 갈치는 토막을 내어 뼈째로 튀겨서 맥주와 같이 한잔하면 이보다 더 좋은 안주는 생각이 안 날 정도이며, 포 뜬 갈치를 응

달진 베란다에 하루만 꾸덕꾸덕하게 말려 갖은 양념을 발라 프라이팬에 피라미를 도리뱅뱅이 하듯 조려 먹으면 이 또한 감칠맛이 다른 음식과 비길 바가 없다.

　뼈를 바른 갈치살을 간장과 요리당과 생강, 마늘을 섞은 양념에 30분 정도 재워 두었다가 꾸덕꾸덕하게 말려서 전자레인지에 한 번 살짝 돌리면 아이들에게도 안심하고 먹일 수가 있는 훌륭한 영양 간식이 되고 뼈는 식용유에 튀겨 역시 아이들 간식으로 주면 칼슘 보충에는 최고라고 할 수 있다.

　작은 갈치를 통째 푹 삶아 낸 다음, 뼈는 체에 거르고, 살과 국물은 미꾸라지로 추어탕 끓이듯 갈치 어탕을 끓여 먹으면 훌륭한 보양 음식이 된다.

　낚시 다니는 미안함을 가족들에게 요리로 만회하고 싶을 때는 중간 크기의 갈치를 포 떠 깨끗한 수건으로 덮어 냉장고에 서너 시간 숙성시킨 다음 꺼내 초밥을 할 만한 크기로 썰어 넣고 고슬고슬하게 지은 쌀밥에 식초를 약간 뿌려 골고루 잘 저어준다. 그 밥을 한 입에 들어갈 만큼의 크기로 손으로 잘 주무르고 뭉쳐 그 위에 고추냉이를 살짝 발라 갈치 살을 올린 다음 꼭 눌러 갈치초밥을 만들어 간장과 함께 내놓아 보라. 인기 만점의 남편이자 아버지가 된다.

　마지막으로 작은 갈치의 머리와 내장을 분리하고 깨끗이 씻어 갈치 무게의 30% 정도 되는 간수가 빠진 천일염으로 염장을 하고, 소주를 한 컵 부어 밀봉해서 검은 천이나 비닐로 덮어 응달진 곳에서 2년 정도 삭히면 깨끗하고 훌륭한 갈치 젓갈이 된다. 이렇게 만들어 2년 후 뚜껑을 열어 보면 시중에서 파는 역겹다거나 쿰쿰한 냄새가 나는 젓갈과는 차원이 다른 구수한 향기가 난다. 이 젓갈로 김치를 담그면 언제까지라도 군내가 나지 않는 담박하고 시원한 맛을 즐길 수가 있다.

이렇게 담근 젓갈을 칼로 잘게 다져 그릇에 담아 놓고, 마늘과 보드라운 고춧가루, 생강, 파, 양파, 당근, 청량고추도 적당량을 다져 갈치젓갈을 참기름과 같이 비벼서 밀폐용기에 넣어 냉장고에 보관해 두었다. 입맛이 없을 때 꺼내 밥에다 한 숟가락 떠서 비벼 먹으면 이 또한 어느 곳에서도 맛보지 못할 별미임에 틀림이 없다. 다시마와 삶은 배추를 쌈으로 먹을 때 같이 곁들여 먹어도 그만이다.

재미 중 넷째로는 시즌을 기다리며 준비하는 재미다. 매해 12월 중순경 갈치낚시를 끝내고 나면 장비들을 잘 씻어 손질해 보관해 두게 되고, 다음 시즌을 대비한 6개월 동안은 지난해를 경험 삼아 올해는 어떤 장비가 좋을는지, 이곳저곳 동호회 홈페이지 같은 곳에도 들러 낚시나 장비에 대한 정보도 얻고, 또 바늘은 어떤 것이 장단점이 있는지, 목줄의 길이는 어느 정도가 적당한

지, 특별하게 자작하여 사용하는 낚시꾼의 채비는 어떤지 연구하고 준비를 하면서 그런 경험과 글들을 참고하여 시즌을 대비해 바늘도 매어 두고 한 시즌 동안 사용할 소모품들도 챙겨 두고 전동 릴에 감긴 합사 줄을 풀어 물로 세척한 후 말려 바세린을 발라 다시 감아 놓기도 하고, 한 시즌 동안 시달린 낚싯대는 다음 해에 쓰는 데 지장이 없을는지 아파트의 베란다에서 추를 달아 내려서 낚싯대의 휨 새도 확인해 보면서 시즌을 기다리는 이 재미 또한 괜찮은 재미에 속한다.

마지막 다섯 번째로는 나눠주는 재미다. 나는 늘 입이 방정임을 부인할 수가 없다. 어디서든 누구 입에서부터 시작되었든 간에 갈치 낚시 얘기가 나와서 분위기가 조금만 무르익다 보면 '갈치 선물'을 약속해 버린다. 그러고선 곧이어 후회를 하지만, 이미 상황은 물 건너간 격이 된 뒤이고, 이렇게 한 선물약속을 지키려고 한번 가면 최소 100여 마리 이상 잡아야 한다.

물론 시즌 중에는 큰 것, 작은 것을 합쳐 150여 마리는 기본으로 잡히지만, 그 날의 여건과 여러 가지 상황으로 말미암아 안 잡히는 경우도 있고 못 잡는 상황이 발생되기도 한다. 올해도 이 입방정으로 인해 주중엔 월급쟁이로 살아야 해서, 주말 밖에는 낚시를 할 수가 없게 되어 있는 구조적인 문제로 인해 매 주말이면 "이제 같이 얼굴 좀 보고 손잡고 여행도 좀 다니며 살자"는 아내의 권유를 뿌리치고 남발해 버린 약속을 지키기 위해 주의보로 배가 출항을 못 하는 경우를 제외하곤 낚시를 나가는, 겁을 상실한 남편이라고 할 수 있겠다.

  이처럼 갈치 낚시는 다섯 가지 재미가 있는데, 어느 것 하나 버릴 수가 없는 재미라고 할 수가 있다. 줄기차게 이 취미 생활을 이어가며 같이 가정을 버릴 동지를 포섭해 보고자 잡아온 갈치를 친구, 교회, 이웃 가리지 않고 맛보여 주었으나 모두들 납죽납죽 받아먹기만 한다.

"바다가 무섭다"

"시간이 안 난다"

"집사람이 허락을 해주지 않는다"

"멀미가 무섭다'

  이런 핑계를 대며 아직까지 한 사람도 따라 나서지를 않고 있음에도 섭섭한 마음이 들지 않는 것 또한 이 갈치 낚시의 매력이 아닐까.

갈치 꿈

 바다가 불그스레하다. 흡사 봄날 모내기를 위해 물을 대놓은 논바닥에 붉은 잔디가 깔린 것 같다. 순간 여기가 깊은 바다라는 걸 잊었다. 뛰어내려 찰박찰박 발장난을 치고 싶은 충동이 인다. 불빛에 이끌려 모여든 곤쟁이가 만들어 낸 광경이다.
 평화로움도 잠시, 사방 곳곳에 파문이 일렁인다. 붉디붉은 아가미를 한껏 벌린 괴물이 솟구쳐 오른다. 걸신들린 아귀의 입이 저럴까 싶다. 순식간에 콩 튀듯 파닥거리던 밭은 허물어지고 메워지기를 반복한다.
 벼이삭이 팰 때쯤이면 깊은 곳에서 수면까지 중력을 거스르며 올라오는 갈치의 군무를 볼 수 있다. 달에서 은하수 물결을 타고 내려온다는 절세가인 월궁항아月宮姮娥가 저런 모습일까. 자기 꼬리를 물 만큼 유연한 몸에 은빛 갑옷까지 둘렀다. 천 길 물속을 자유자재로 날아다니는 날렵한 몸놀림은 찬란하다 못해 경이롭기까지 하다.

온종일 소걸음 하던 해가 붉은 수평선과 진한 입맞춤을 할 즈음이다. 일순 바다는 호수를 가늠할 수 없는 캔버스로 탈바꿈한다. 빛의 크기만큼 이곳저곳 온갖 무늬를 수놓는다. 파도가 만들어 내는 물고랑마다 굴절된 빛을 따라 푸른색에서 갈색으로 색채가 변해 간다. 이내 암흑 같은 어둠이 찾아들고 갈치잡이 배의 집어등이 대낮같이 불을 밝힌다.

작업을 시작할 시간이다. 미끼를 끼우는 손이 강설여진다. 경험상 수면까지 올라와 눈에 보이는 고기는 미끼를 물지 않는다. 이런 날은 긴긴밤 체력 안배를 위해 쉬는 편이 현경하다. 뱃전에 팔로 턱을 괴고 엎드렸다. 먹이를 먹기 위한 긴 칼들의 재빠르고 환상적인 비상을 감상한다. 번쩍이며 휘두르는 눈부신 보검을 보노라면 예사 검법이 아니라고 읊은 어느 시인의 시구가 떠오른다. 눈꺼풀이 무겁다. 졸음이 밀려온다.

빛이 잘 보이지 않는 걸 보니 아주 깊은 곳인가 보다. 그 옛날 천지가 뒤집어지기 전엔 이곳이 육지였다는 걸 전설처럼 구전으로 전해 들었다. 산맥이 있고 넓은 벌판도 있으며 해초로 뒤덮인

울창한 숲까지 보인다. 계곡과 같은 얕은 함몰성 해구를 끼고 작은 언덕이 번갈아 나타나는 대륙붕이 놀이동산인 모양이다. 온 사방이 갈치 천국이다. 나와 비슷한 몸집의 갈치가 다가와 어리둥절해 있는 내게 얘기를 들려주고 있었다.

우리가 노는 곳은 층이 달라. 위에서 놀다 꼬리가 잘리는 건 아직 철모르는 어린것들이야. 나나 자네처럼 긴 시간 세상 풍파 다 겪은 갈치는 밑에서 놀아야 돼. 배와 꼬리지느러미가 없어 사람처럼 몸을 세운 채 등지느러미로 움직여. 그래서 헤엄도 서서 하고 잘 때도 서서 잔다고 인간들이 입어立漁라고도 부른다지. 좁은 방에서 여럿이 모로 누워 자는 잠을 칼잠 혹은 갈치잠이라 명명한 것도 선 채로 자는 데서 나온 말이 아닌가 싶어.

낮에는 펄을 헤집고 들어가 쉬다가 해거름이면 먹이 활동을 시작해. 바닷물이 따뜻해지는 여름엔 수면까지 올라가 나보란 듯 헤엄도 쳐. 무더기 비가 오거나 거먹구름이 드리우는 날이면 우리도 날궂이를 하나 봐. 부지깽이 든 뺑덕어멈 같은 날씨란 걸 몸으로 느끼는 거지. 그런 날은 식욕이 뚝 떨어져 입을 닫고 있을 수밖에.

날씨가 광란을 멈추면 슬슬 식욕이 당겨. 내 위쪽에서 움직이는 건 뭐든지 물어뜯고 봐. 내 이빨이 보통 날카로워야 말이지. 우린 배가 터질 지경이 되어도 배부르다는 걸 느끼지를 못하잖아. 그 끝도 없는 축적이 얼마나 허무한 일인지 우리는 몰라. 알 필요도 없고.

오징어는 우릴 보면 도망치기 바쁜 놈이야. 근데 형편이 뒤바뀌는 경우도 더러 있어. 우리가 어부의 낚싯바늘에 걸렸을 때야. 빠져나오려고 몸부림치다 보면 힘이 빠져 축 늘어지지. 그때 이놈들이 덤벼들어 빨판으로 딱 거머쥐곤 뜯어먹는 거야. 한낱 우리 먹이에 지나지 않던 것이 오히려 입장이 뒤바뀌어 그들의 성찬이 되고 말아. 그뿐이 아니야. 오징어도 적당히 먹고 가야지, 욕심이 지나쳐 끝까지 붙들고 있다간 어떻게 되는지 알아? 같이 잡혀 그 즉시 어부의 칼끝에서 안줏거리로 변하는 운명을 피할 수 없지.

갈치 낚시의 최고 미끼는 갈치라는 말 들어봤지? 갈치가 갈치 꼬리를 문다는 말이나 자기 새끼도 잡아먹는다는 얘기가 있잖아. 그래도 전부 그렇지만은 않아. 어미 거미가 자기 몸을 자식들에게 먹이는 소신공양燒身供養을 하고 생애를 끝내듯, 우리의 모성도 결코 그에 못지않다네. 번식을 위해 수천 킬로미터나 거친 해류를 타고 이동하는 우리의 삶 또한 생존과의 처절한 싸움 아니겠는가. 얼마나 고달프고 힘든 여정인지 모른다네. 알에서 나온 새끼들이 다 떠나고 나면 원래 깃든 곳으로의 여행을 또 서

둘러야 해.

　그곳으로 돌아가는 길도 마냥 순조롭지만은 않아. 먼 여정 이동하려면 지친 몸을 불려야 하기에 쉼 없이 먹어 두어야 해. 지나는 곳곳마다 도사린 위험을 우린들 맞닥뜨리고 싶겠어? 가는 동안 주린 배를 채우라며 유혹하는 본능을 거부하기는 죽기보다 힘들어. 체력을 소모하며 잡아먹는 것보다 눈앞까지 대령해 준 비린내를 어떻게 그냥 지나칠 수가 있겠어. 홀릴 수밖에 없잖아. 바늘에 걸리고서야 꼭 속절없는 후회가 물밀듯 밀려오거던. 벗어나려고 몸부림을 치면 칠수록 바늘은 더 깊이 파고들지. 물 밖으로 끌려 나와 뱃전에서 어부의 얼굴을 맞닥뜨린 순간 머릿속이 하얘지더군. 갑자기 잊고 있었던 전생이 눈앞에 떠올라 몸서리가 쳐졌어. 놀라 입을 딱 벌리는 순간 미끼가 바늘과 함께 빠져나갔다네. 요행이었지. 자네도 조심하게.

　눈이 번뜩 떠졌다. 이게 뭔가. 입질이 없어 잠시 잠깐 조는 사이에 꾼 꿈이 생생하기 그지없다. 긴 시간 그들 가문을 도륙 낸 업보인가. 갈치가 되어 갈치의 말을 들어주고 있는 꿈까지 꾸는 걸 보니 아무래도 낚시를 접을 때가 된 것 같은 느낌이 든다.

　이런 밤은 온갖 사고思考를 다 하는 법이다. 입질도 없어 이리저리 지난 시간을 반추하며 머릿속을 헤집던 중이었다. 별안간 가슴속에 뚜렷한 울림이 느껴졌다. 지나온 내 삶도 갈치와 다를 바가 없었다는 결론에 다다르자 마음이 서늘해진다.

하던 업業이 어려웠던 건 아니다. 사업장은 느그네에게 맡겨 두고 주인은 그저 취미 생활에 정신이 팔려 세월을 축내며 살았다. 오토바이, 색소폰, 사진, 여행, 바다낚시, 자전거, 그림, 써먹지도 못할 면허나 온갖 자격증…. 그뿐만이 아니다. 석·박사 학위까지 하고 싶은 건 다 하고 다녔다. 모두가 남에게 잘 보이려는 욕심이고 과시였음을 이제야 깨닫는다. 이 나이가 되도록 뭘 했는가 싶어 새삼 부끄러운 생각이 든다. 모두 내려놓기로 마음 먹었다.

잠잠하던 낚싯대가 아래위로 정신없이 춤을 춘다. 얼른 낚싯줄을 감아 들인다. 제법 묵직한 손맛이 전해져 온다. 긁고 투명한 큰 눈에 내 얼굴이 비친다. 좀 전의 꿈 탓인가. 희열과 안타까움이 교차한다.

갈치 어부 열에 아홉은 경로당 한구석을 차지하고 있을 나이다. 나름 세상사를 두루 거치며 삶을 달관한 노장들이다. 배를 타기 전에 무슨 일을 했는지는 서로 관심이 없다. 그저 지금은 갈치잡이가 업業일 뿐이다. 용돈벌이도 있고, 먹고살기 위한 생업도 있다.

'파다다닥!'

채우고 또 채워 배가 터질 듯 부풀어오른 갈치의 몸부림치는 소리가 바다를 울린다. 바늘을 빼는 노인의 들릴 듯 말 듯한 중얼거림이 가슴을 친다.

"갈치나 사람이나 결국 욕심 때문에 망하는겨"

그날 밤 그 섬

　갯바위에 떨어지는 하얀 포말이 경쾌해 보인다. 이리저리 바다를 가르며 석양을 털어내는 갈매기의 날갯짓도 한가롭다. 형광으로 반짝이는 플랑크톤의 환상적인 광경에 빠져 드리운 낚싯대도 잊은 채 한참이나 바라보고 섰다. 찌의 빨간 빛이 바닷속으로 가물가물 사라져 간다. 가벼운 전율이 느껴진다. 대물에 대한 기대감으로 두 팔에 힘이 들어간다. 몸부림치는 고기의 힘을 느낀다. 크기를 가늠해 본다. 이 맛에 친구와 나는 섬을 자주 찾지만, 이따금씩 떠오르는 그 날의 기억은 어쩔 수가 없다.

　밤낚시는 고요한 낭만이나 환상적인 분위기만 있는 건 아니다. 홈 진 갯바위를 핥으며 흘러내리는 파도가 흐느끼는 여인의 울음

소리 같은 날이 있다. 주변의 형상이 낮에는 아무렇지 않다가도 밤에는 이상하게 보여 닭살이 돋은 적도 있다. 섬 고라니의 가슴 말리는 울음소리에 화들짝 놀라기도 했다. 바람은 밤이 깊어 갈수록 무서운 홀림에 빠져드는 소리를 낸다. 갑자기 소름이 끼치고 온갖 생각들이 떠오른다. 추자도 절명 여에서 상할 대로 상해 떠오른 익사체를 본 기억이 떠오른다. 불근도에서 떠내려가 청산도 앞에서 건져 올린 친구의 얼굴도 생각난다.

친구와 큰 사건 하나를 잘 해결한 다음 날이었다. 해방감에 장박낚시를 계획했다. 평소 자주 드나들었던 섬을 벗어나 한 번도 가보지 않은 섬으로 가자는 데 의견을 모았다. 낚시라면 의기투합이 기가 막히게 잘 되는 우리는 망설이지도 않고 길을 떠났다.

여수선착장에서 현지 배를 수소문해 열 가구도 채 살지 않는 조그만 섬에 다다랐다. 방파제에서 간단히 요기를 하고 산 너머 갯바위로 향했다. 밑에서 보기엔 무리가 없다 판단되었지만 막상 올라가 보니 만만치가 않았다. 사람이 다니지 않았는지 잡풀과 키 작은 나무들이 서로 뒤엉켜 엉망이었다. 여름도 아닌데 온몸이 땀으로 흠뻑 젖었다. 이리저리 헤매느라 저녁 어스름이 내린 줄도 몰랐다. 때 아닌 안개까지 겹쳐 시야는 더 흐렸다.

그때였다. 허름한 가옥이 눈에 들어왔다. 반가운 마음에 마당으로 얼른 들어섰다. 어두운 방 안에 머리가 헝클어진 백발의 노파가 동그마니 앉아 밖을 내다보고 있었다. 눈이 마주치는 순간 왠지 소름이 끼쳤다. 찬물이라도 얻어 마시고 싶었으나 그 자리를 피하고 싶었다. 나도 모르게 바닷가로 내려가는 길을 물으며 눈치를 살폈다. 기다리는 답과는 달리 "여긴 뭣 하러 왔소?"라고 탁한 목소리로 되물었다. "낚시하러 왔습니다"라고 짧게 대답했다. 이상한 기운이 감돌았다. 마을과 한참 떨어져 있는 이곳에 집 한 채만 덩그러니 있는 것도 그렇거니와, 빗질 안 한 노파의 머리카락이 더 긴장감을 주었다. 갑자기 노파의 눈빛이 산짐승처럼 희번덕이며 투박한 음색은 맹수의 울음 같은 착각마저 들었다. 어서 이 자리를 박차고 나가고 싶었다. 마당을 빠져 나가려는 발목을 둔탁한 목소리가 불러 세웠다. 그곳에서 여럿이 빠져 죽었다는 등 묻지도 않은 얘기를 내뱉었다.

 노파의 말에 신경이 쓰였다. 하지만 귓등으로 흘리며 그래도 넘어가 보자는 데 의기투합했다. 밖으로 나와 잘 보이지도 않는 길을 더듬으며 찾아갔다. 땀과 안개비에 옷 젖는 즐도 모르고 앞서거니 뒤서거니 하며 걸어 겨우 갯바위에 이르렀다.

 바다는 고요했다. 철썩이는 파도도 없고 바람도 불지 않았다. 그저 물안개 낀 바다에 내리는 이슬비가 전부였다. 작은 돌멩이 하나 굴러 떨어지는 소리조차도 섬 전체를 울리는 듯하다.

 마음을 가다듬고 낚싯대를 잡았다. 민장대에 청 갯지렁이를 달아 채비를 담갔다. 볼락이며 망상어가 거푸 올라왔다. 어둠이 깊어 갈수록 감성돔도 모습을 드러냈다. 조금 전의 일은 까맣게 잊은 채 밤낚시에 빠졌다.

한 열시쯤 되었을까. 갑자기 입질이 뚝 끊겼다. 우리는 담배 한 대를 피우며 잠시 쉬었다. 가만히 앉아 있으니 불어오는 약한 바람에도 젖은 옷으로 인해 한기가 느껴졌다.

별안간 등 뒤에서 인기척이 들렸다. 둘 밖에 없는 이곳에 인기척이라니. 머리칼이 쭈뼛 서면서 야릇한 공포에 사로잡혔다. 뒤를 보는 게 두려웠다. 우리는 담배를 깊이 빨아들이며 서로를 쳐다보았다. 친구도 긴장한 표정이 역력했다. 우리는 말없는 공포에 사로잡혀 잠시 눈짓을 나누었다. 그러다 어쩔 수 없이 손전등을 비추며 뒤돌아보았다. 동시에 비명소리가 터져 나왔다. 어둠 속에 소복을 입은 것 같은 여인이 우릴 보고 있었다. 잡은 고기고 뭐고 다 팽개치고 왔던 길을 도로 뛰어갔다. 고함을 냅다 질러대며 그저 앞만 보고 뛰는 친구를 죽자고 따라가느라 진이 다 빠졌다. 달음박질하는 내내 노파의 말이 귓전에 맴돌았다.

정신없이 뛰던 중에 아까 그 집이 보였다. 큰 목소리로 다급히 할머니를 불렀다. 대답이 없었다. 허리를 구부려 방문을 열었다. 촛불만 타고 있을 뿐 그 할머니는 보이지 않았다. 쪽마루에 걸터앉아 가쁜 숨을 몰아쉬었다. 잠시 숨을 돌리고 친구와 담뱃불을 붙이다 대문 쪽을 쳐다보았다. 순간 등골이 오싹했다. 조금 전 갯바위에서 본 허연 소복차림의 여인이 서 있었다. 전류에 감전된 듯 온몸이 찌릿하고 정신이 혼미해졌다. 우리는 누가 먼저랄 것도 없이 또다시 비명소리를 질러대며 싸리나무 담을 뛰어넘어 내달렸다. 깜깜한 길을 엎어지고 자빠지며 달리다가 불 켜진 집에 무작정 뛰어들었다. 놀라 쳐다보는 사람 앞에서 우린 넋을 잃고 갈았다.

이튿날, 내버려두고 온 장비를 찾으러 조그만 어선을 타고 섬을 한 바퀴 돌았다. 어젯밤 낚시했던 그곳에 우리처럼 널브러져 있는 낚시 도구를 챙겨 황급히 자리를 떴다. 마을 사람들은 이구동성으로 혀를 끌끌차며 얘기했다.

"이 섬에 그런 색시는 없어."

"젊은 사람들이 정신 나간 할머니를 허깨비로 본 게지"

어젯밤에 본 것은 대체 무엇이란 말인가. 할머니의 말대로 죽은 사람의 넋이 귀신이 되어 떠도는 것은 아닐까. 아니면 혼신을 다해 일을 하다가 쉬지도 않고 낚시 오느라 기가 빠진 우리가 헛것을 본 건 아닐까. 젊은 혈기가 부른 무모한 짓에 허탈감이 밀려왔다. 그러면서도 이곳에서 죽은 이름 모를 사람들을 생각했다. 친구와 동행이 아니고 혼자였다면 어제의 일로 나의 운명이 바뀌었을지도 모를 일이었다. 호흡을 가다듬으며 눈을 감았다. 파도 소리가 들려왔다. 우리는 집으로 올 때까지 물에 가라앉은 섬처럼 한동안 묵직한 생각에서 헤어나지 못했다.

그 후, 친구에게 이상한 징후가 생겼다. 차를 타고 가다 졸 때 갑자기 브레이크를 밟으면 "으악" 소리를 내며 깨느라 같이 놀란다. 내 무릎과 정강이에도 그날의 상처가 여전히 박혀 있다. 이런 사실을 사람들에게 말하면 아무도 믿으려 하지 않는다. 하지만 그때 겪은 공포는 둘만의 일화로 남아 가끔 생각에 잠기게 한다. 이 또한 우리 생의 한 부분을 채우는 추억이 아닐까.

맛을 기다린다

 내가 갈치 낚시를 좋아하는 이유는 손꼽을 수 없을 만큼 많다. 그중 하나가 허풍이 가미된 낚시꾼들의 입담이다. 허투루 오가는 말 속에도 새겨들을 말도 있는 법이다. 휴대폰과는 별도로 태블릿 PC를 하나 장만했다. 듣고 조금만 지나면 잊어버릴 나이라 적어야 한다. 펜이 있어 여간 편리하지가 않다. 말이 빠르면 녹음도 된다.
 낚싯배 선실은 다양한 사람들이 모인다. 아직 같은 직업을 가진 꾼을 만난 적이 없다. 그곳에서는 낚시나 삶에 도움이 될 만한 얘기를 많이 듣게 된다. 흘려버릴 얘기라도 적어둔다. 조용할 때 들은 내용을 정리하다 보면 말을 트고 지낼 사람이 구분된다. 박

학다식한 사람도 있고 무식한 이도 있다. 조금만 부추겨주면 무용담이 늘어진다. 듣다 보면 그 나름대로 철학은 있다는 생각이 든다. 그렇게 얻어들은 풍월이 내 견문에 한 수를 보탠다.

입으로 전해 들은 요리 방법도 그렇다. 한 뼘이나 되는 큰 갈치는 회가 가장 맛있다는 걸 알았다. 갈치를 잡아 와서는 그저 구이나 찌개를 끓여 먹었다. 그렇게만 먹어도 맛이 있는 생선이다. 잡은 물고기를 먹는 방법까지 연구하는 게 바로 낚시꾼이다. 생각보다 맛있게 해먹는 조리법이 많아 내심 놀랐다. 그중 하찮게 여겼던 작은 갈치를 요리하는 방법에 솔깃했다. 들은 건 꼭 실천해 봐야 직성이 풀리는 성격이라 그때마다 만들어 먹었다.

작은 갈치는 손질하는 것이 귀찮은 생각이 드는 데다 무엇보다 양이 적은 것도 아쉽다. 먹을 만큼 젓갈을 담그거나 이웃들에게 나누어주었다.

어느 날 갈치 국에 대해 들었다. 주워들은 대로 다시마와 파, 무를 넣고 우린 물에 갈치를 넣어 끓였다. 단배추와 청양고추, 마늘을 추가하고 소금으로만 간을 했다. 비릴까 걱정했으나 정말 깔끔하고 시원한 맛이 났다. 가시를 발라내는 일이 조금 손이 많이 가도 충분히 감수할 만한 가치가 있었다.

한 이틀 약간의 냄새를 견디며 베란다에서 작은 갈치를 손질했다. 소금과 설탕을 넣은 물에 포를 뜬 갈치를 한 30분 담가 두었다가 남쪽 베란다에 줄줄이 걸었다. 이틀 만에 꼬들꼬들하게 마른다. 맥주나 와인을 한잔할 때 북어포처럼 쭉쭉 찢어 먹으면 안성맞춤이다. 아기가 있는 집은 갈치 살만 발라 말려 두면 좋은 간식거리가 된다. 뜨 포를 뜬 갈치 살에 갖은양념을 발라 지퍼백에 넣어 냉동실에 넣어 둔다. 반찬이 시원찮을 때 꺼내 팬에 졸이면 기가 막힌 맛을 낸다. 포를 뜨고 남은 뼈는 팬에 식용유를 넉넉히 부어 튀기면 고소하고 맛있는 칼슘 덩어리 간식이 된다.

낚시를 다녀온 후 덜 피곤한 날 내장 손질에 도전했다. 먼저 내장을 도마에 올려 속의 이물질을 칼등으로 일일이 밀어낸다. 소금을 적당히 탄 물에 내장을 잘 씻어 채에 담아 물기를 뺀다. 적당량의 천일염으로 버무려 병에 넣어 밀봉한다. 3개월쯤 있다 꺼내면 내장이 녹아 죽 같은 모양의 갈치속젓이 된다. 여기에 마늘과 고춧가루, 청양고추를 다져 섞어 쌈장을 만든다. 찐 쌈 채소에 고슬고슬한 쌀밥 한 숟가락을 담아 쌈장을 얹는다. 입 안이 향기로워진다. 혀끝에 감칠맛이 돌면서 침이 저절로 솟는다. 목으로 넘기기가 아까울 만큼 이루 형언할 수 없는 맛이 난다.

갈치를 통으로 넣어 만든 젓갈은 최소한 2년을 숙성시켜야 한다. 볕이 들지 않는 곳에 항아리를 놓는다. 손질한 갈치 무게 30%만큼 간수를 뺀 소금을 켜켜이 넣고 밀봉한다. 2년이 지나면 갈치는 흐물흐물해진다. 김장에 쓰면 다 먹을 때까지 김치에서 군내가 나지 않는다. 조금씩 꺼내 믹서에 갈아 고춧가루와 마늘, 생강, 양파, 청양고추를 다져 비벼 냉장고에 넣어 둔다. 한여름 입맛 없을 때 꺼내 참기름과 함께 밥에 떠 넣어 쓱쓱 비벼 먹는다. 다른 반찬은 굳이 꺼낼 필요가 없다.

오늘도 선실 안은 잡는 방법에 대한, 또 먹는 방법에 대한 노하우가 주제다. 잡는 방법에 대하여는 나도 나름대로 터득한 것이 있다. 절대 툭툭거리는 입질에 챔질하지 않는다. 미끼를 길게 꿰어주고 기다린다. 작은 갈치들이 조금씩 뜯어먹더라도 주변에 큰 갈치가 있다면 남은 미끼에 달려들 게 분명하기 때문이다. 기다리다 보면 대가 고꾸라지듯 들어가는 입질이 온다. 이런 기다림이 남들보다 큰 갈치를 많이 잡는 요령이다.

잡은 갈치를 손질하고 널어 바람과 햇볕에 마르기까지, 또 갈치나 그 내장이 곰삭아 제대로 젓갈이 숙성되기까지 3개월 혹은 2년을 끈기 있게 기다린다. 이 기다림이 지나면 제대로 된 맛으로 그 보답을 받게 된다. 설익은 내 삶도 이런저런 사는 태도를 강구하며 진득하게 기다리다 보면 보다 깊은 맛으로 익어가지 않을까, 기대해 본다.

메아리

 아무래도 몸에 큰 사단이 난 것 같다. 자던 자리가 흥건히 젖어 써늘해진 느낌에 소스라치게 놀라 깨어났다. 어린 시절, 이불에 세계지도를 그렸던 기억이 퍼뜩 스쳐 간다. 덮고 잔 이불과 침대 커버, 베개의 홑청까지 전부 벗겼다. 베란다로 들고 나가 세탁기를 돌린다. 벌써 두어 달째다. 하루의 시작을 빨래라니, 나도 모르게 헛웃음이 새어 나왔다.
 길지 않은 인생을 살며 참 많은 사람을 만나고 헤어졌다. 그 만남이 좋은 인연도 있었지만 돌아보고 싶지 않은 악연도 있었다. 그 과정에서 고운 정은 고운대로, 미운 정은 미운 대로 나름 품고 살았다. 정은 메아리와도 같아서 멀고 가까움에 따라 크기는 달라도 꼭 돌아온다고 믿었다.

　강산이 두 번이나 변할 만큼 갈치를 잡으러 다녔다. 아이스박스를 가득 채운 날이면 그중 큰놈 몇 마리는 집에 챙겨 놓고 남은 갈치는 지인들과 나눈다. 아파트 담벼락 앞에 옹기종기 모여앉아 햇볕을 쬐며 시간을 보내는 할매들과 교회의 독거노인들이 고객이다. 가끔 은행에 들르거나 퇴근하고 콩나물이라도 사러 가는 길엔 어김없이 메아리가 돌아온다.

　"갈치 할배요. 야쿠르트 한 병 하고 앉았다 가소."

　노점을 벌여 야채를 파는 할매는 고생한 탓인지 허리가 굽어 나보다 두 살 위인데도 열 살도 더 많아 보인다. 요즘 연상연하가 유행이던데 두 살 차이는 친구라 해도 될 것 같지 않은가. 세월의 흔적이 이렇게 다르게 남을 수도 있다고 생각하니 마음이 짠하다. '법무사 할배'라 부르는 그분한테 주로 콩나물을 산다. 얼마나 많이 주는지 통 안의 콩나물을 다 담을 기세다. 제발 그만 담으라고 말리는 게 일이다. 그뿐이랴. 야쿠르트 한 병에 덤으로 옆에서 파는 붕어빵까지 딸려 온다. 돌아오는 메아리가 고마워 갈치를 잡아 와도 큰놈으로 두어 마리, 김이나 멸치도 얻으면 한 통씩 갖다준다. 나만 보이면 뭐라도 주고 싶어 못 견디는 것 같다. 오는 메아리를 되돌려 보냈더니 우레가 되어 돌아온다. 점점 정이 깊어져 간다.

강산이 여섯 번도 더 바뀐 얘기다. 어머니는 아침밥은 꼭 다섯 사람 몫을 더 지으셨다. 양말 공장을 하고 있어 그나마 동네에선 먹고살 만한 집이었다. 한동안 아침마다 양복을 단정하게 차려입은 중년 남자가 왔다. 개다리소반에 밥 한 상 차려 문간방 툇가루로 들여다준다. 맛있게 먹고는 깨끗이 설거지 한 그릇을 부엌 앞에 놓아두고 정중히 인사를 하고 간다.

늦은 아침엔 아이들 서너 명이 깡통을 드드리며 대문 앞에 진을 친다. 미리 준비해 두었던 상을 또 내다준다. 매일 반복되는 일인데도 어머니는 싫은 소리 한번 내지 않고 얼굴 한번 찡그리지 않으셨다. 공장에 실이 들어오는 날은 아이들이 대기하고 있었던 것처럼 우르르 나타나 일손을 보탰다. 적은 돈이라도 쥐어줄라치면 밥 먹은 거로 되었다며 손사래를 쳤다. 지금 생각하니 그 시절의 밥은 정이었고, 설거지며 무거운 실 박스를 옮겨준 일은 데아리였다.

지금은 다들 무엇이든 부족하지 않아서 일가친척이라도 제사음식을 가져가는 일은 없다. 예전에는 종가였던 우리 집 제삿날은 동네 집집이 달력에 동그라미를 쳐 둘 정도였다. 끝나면 제사음식과 막걸리 한 사발을 챙겨 한 집도 빠트리지 않고 돌렸다. 자정이 지났어도 등이 꺼지지 않고 있던 걸 보면 다들 기다린 것 같았다.

메아리 219

매일 저녁을 먹고 나면 마당에 멍석을 깔았다. 텔레비전이 있는 집은 우리뿐이라 좋아했던 드라마 '여로'를 보러 오는 동네 사람을 위해서였다. 애국가가 흘러나올 때까지 어머니는 바쁘셨다. 막걸리를 넣고 부풀린 술빵과 감주라도 먹이고 싶어 했던 마음이 이제는 이해될 것 같다.

김장하는 날은 잔칫날이었다. 식구가 여간 많은 게 아니다 보니 자그마치 일천 포기 넘게 배추와 무를 들였다. 동네 아주머니들이 거의 다 오다시피 해서 내 일같이 거들었다. 그런 정이 없었더라면 어머니 혼자 감당이 어려웠을 것이다. 그 시절 이웃들은 모두 '정'이자 메아리가 아니었을까 싶다.

교회 지인의 소개였다. 모 한의원 원장의 법률상담을 하고는 뒤처리까지 끝내준 일이 있었다. 부탁한 사람을 봐서 사례비를 받지 않았다. 이분도 신세를 지고는 못 사는 사람인지 계좌번호 좀 보내 달라고 시도 때도 없이 연락이 왔다. 마지못해 지인을 통해 그냥 땀 좀 덜 나는 약이나 한 재 지어 달라고 했다. 갱년기인지 씻고 선풍기 앞에 앉아도 금방 땀이 차오르는 걸 느끼던 참이었다.

그렇게 지어 보낸 한약을 먹고 난 뒤부터였다. 중간에서 심부름한 지인이 땀 많이 나게 해 달라고 잘못 전달한 것 같은 느낌이 들었다. 굳이 비유하자면 시냇물같이 졸졸 흐르던 땀이 이젠 폭포처럼 흘러내린다. 정말 땀과의 전쟁을 치르고 있다고 해도 과언이 아니다. 아내는 이불을 돌돌 감고 자면 나는 달랑 속옷 한 장만 걸치고 잔다. 더워서 견딜 수가 없었다.

고민 끝에 약을 지어준 한의원을 찾아갔다. 내 짐작이 맞았다. 그렇게 사례를 한다 해도 사양했던 얼굴을 한 번 더 보고 싶었다며 웃었다. 약값을 치르려는 나를 밖으로 길어내는 손길에서 따뜻한 정이 느껴졌다. 메아리였다.

고희가 코앞이다. 인생행로의 끝을 향해 가는 시점에서 어머니가 때없이 하신 말씀이 떠오른다.

"세상살이도 중간이 좋그 정도 적당해야 한다. 너는 넘칠까 봐 걱정이다."

비록 돌아오지 않는 메아리가 있더라도 정은 넘치는 게 좋은 것 아닐까.

상사어 相思魚

 이게 뭐 하는 짓인가. 출항 전 자정이 넘으면 바다 상황이 좋지 않을 거란 예보가 있었음에도 무리수를 두었다. 예전 경험으로 태풍이나 풍랑주의보가 내리기 전에는 항상 대박을 터트렸기 때문이다. 올해는 전례 없는 흉년으로 한 번도 제대로 잡은 적이 없어 더 안달이 났던 것 같다.

 오늘도 씨알 좋은 게 많이 잡히긴 하나, 가장 힘든 선수에 앉았다. 예상과는 달리 초저녁부터 자정이 다가오도록 달랑 한 마리 밖에 못 잡았다. 처량한 마음으로 혼자 누워 있는 갈치를 들여다 보니 투명한 큰 눈 속에 내 얼굴이 비친다. 저 혼자 잡힌 게 억울하고 외롭다며 하소연하는 것 같다. 낚시에 이골이 난 친구도 견디지 못하고 선실로 들어가 누워버렸다. 정말 안 잡힌다. 줄이 내려가기 무섭게 낚싯대가 덜덜덜 떨린다. 고등어다. 도끼질같이 거푸 내리찍는 건 삼치다. 계속되는 잡어 입질에 몸도 마음도 지쳐간다.

설상가상으로 조류는 얼마나 빠르게 흐르는지 두 번에 한 번은 옆 사람과 채비가 걸린다. 반복되는 줄 싸움에 평정심은 흐트러진다. 추를 내릴 때 일정 수심을 정해 전동 릴을 정지하라고 일러줘도 계속 바닥을 찍는 모양이다. 여지없이 또 줄이 엉킨다. 은근히 짜증이 난다. 나이 일흔은 훨씬 넘어 보여 뭐라고 말은 못 하고 괜히 애꿎은 생수만 들이켠다. 낚싯대를 툭툭 쳐보고 줄도 잡아당겼다 놓아 본다. 분위기를 알아챘는지 초보라서 죄송하다며 사과를 한다. 두유 한 팩을 권하며 처음엔 다 그렇다고 다독여주었다.

재작년의 호황이 떠오른다. 하룻밤에 백화점에서나 볼 수 있을 만한 갈치를 백여 마리나 잡았다. 가기만 하면 잡지 못한 날이 없었다. 온 바다가 물 반 갈치 반이라고 해도 과언이 아니었다. 러닝셔츠 쪼가리를 바늘에 달아도 물고 올라오더라는 농담까지 생겼다. 이러다 갈치 씨가 마르는 거 아닌지 우려 섞인 목소리도 나왔다. 한 계절만 나오던 게 일 년 내내 잡혔다. 다녀오면 한 주일 동안 먹을 만큼만 손질해 냉장고에 넣어둔다. 남은 건 출석하는 교회 주변의 독거노인과 아파트 경비원을 비롯해 청소원 아주머니와 아파트 담벼락에 옹기종기 볕을 쬐고 있는 할머니들에게 골고루 나눈다. 싫어하는 사람들이 없었다.

올해는 벌써 열두 번째다. 다 해도 작년의 한 번보다 못하다. 제대로 먹을 만한 걸 잡은 기억이 없다. 들고 오기 민망할 정도로 작은 풀치가 대부분이라 풀 베러 다녀오겠다는 게 인사가 되었다. 좋아하는 아내에게 구워줄 만한 큰놈을 잡지 못해 비용 타내기도 난감하다.

드디어 염려하던 그날이 오고야 말았다.

"열두 번 타간 돈으로 제주수협에 주문하면 한 트럭은 사겠다."는 잔소리를 들었다. 이때는 납작 엎드려야 한다는 것쯤은 기본으로 알고 있다. 그저 기어들어가는 목소리로 몇 마디 할 뿐이다.

"그런 건 유통과정을 믿을 수 없고 냉동과 해동을 반복해서 맛도 없을 걸."

한마디 하다가 핑계 좋다는 소리만 들었다. 벌써 기죽고 나왔는데 무슨 낚시가 되랴. 한 번이라도 대박을 터트려 어깨 펴고 들어가고 싶은 생각이 간절하다. 취미생활로 얻는 수입에 경제 논리를 대입하면 답이 없다는 걸 알지만 본전 생각이 절로 난다.

갈치의 경계심을 돋우던 보름달이 어느 순간 자취를 감추고 옷이 축축하게 느껴질 만큼 습한 기운이 감돈다. 이젠 좀 될 것 같다는 기대감에 굳은 허리를 이리저리 돌리다 넣어둔 채비를 걷어

올린다. 통통 붉은 미끼가 그대로 올라온다. 다시 꽁치 살을 큼지막하게 썰어 열 개의 바늘에 먹음직스럽도록 꿰어 던진다. 흔들리는 뱃전에서 동상처럼 서서 고기가 바늘을 물고 당겨주길 기다린다. 잡히겠지. 눈부신 은비늘로 감싼 몸을 세차게 흔들며 올라오겠지. 내 몸 어디에 이런 끈기가 있었을까 싶다. 무디어져 가는 세포가 살아나는 듯하다. 곧 열 개의 바늘에 갈치가 주렁주렁 달려 올 것 같은 생각에 가슴이 두근거린다.

갑자기 눈앞에 밝은 빛이 번쩍였다. 순간 하늘을 쪼개듯 벼락치는 소리가 들린다. 몸이 찌릿찌릿해진 것도 잠시 장대비까지 쏟아진다. 덩달아 바다도 하얀 갈기를 세우기 시작하고 바람과 너울에 서 있기조차 힘이 든다. 벌써 사방에서 임산부 입덧하는 소리가 들려오고 시큼한 냄새는 파편이 되어 바다가 흔들어대던 몸을 냄새가 뒤집어 놓는다. 스멀거리던 몸이 견디지 못하고 저녁으로 먹은 김밥의 밥풀 하나 남김없이 다 밑밥으로 뿌렸다. 더 나올 게 없자 이제 바다는 인신 공양이라도 바라는지 연신 파도가 선수를 넘어온다.

눈으로 흘러드는 빗물을 손등으로 훔쳐낸다. 젖은 손에서 꽁치 비린내가 풍겨 온다. 시인 이해인은 "사람들을 너무 많이 만나면 말에 취해 멀미가 나고, 꽃들을 너무 많이 대하면 향기에 취해 멀미가 난다"라고 하지만, 나는 갈치를 너무 많이 잡다 보니 은빛

자태에 취해 멀미가 나고, 그렇게 잡히던 갈치가 안 잡혀 애를 태우니 보고 싶어 멀미가 나는 것도 모자라 상사병에 걸릴 지경이다. 고기만 올라오면 멀미는 절로 극복될 거라고 자기 최면을 걸어가며 악착같이 버티기로 마음먹었다.

곧 나를 덮칠 듯이 몰려오던 너울은 내 앞에 이르러서야 배 밑을 파고든다. 사람들은 엎어지고 구르는가 하면 아예 선실로 들어가 버린 사람도 있다. 배도 쿵쿵거리며 덩달아 비명을 지른다. 넘어온 파도를 뒤집어쓴 데다 비까지 맞아 속옷까지 젖은 몰골이 서글퍼졌다.

뜻밖에 살아온 지난날이 되짚어진다. 오늘은 돌아가서 무슨 핑계를 댈지 잠시 고민한다. 이제 사먹고 말지, 오지 말아야겠다는 다짐을 수도 없이 하지만, 이 다짐은 항상 이틀을 넘기지 못하는 게 흠이다.

이제 갈치는 내 연인이 된 듯한 착각마저 든다. 만나러 가면 잘 만나 주지도 않고 만나지 못하면 보고 싶다. 집어등 불빛에 얼굴이 타는 만큼 내 마음도 탄다. 허리는 끊어질 듯 아프고 다리도 아프다.

내게 갈치는 사 먹는 생선이 아니다. 가을 한 철 잡아 일 년을 먹는다. 그 맛은 달리 비교할 대상이 없어 잡으러 다닐 수밖에 없다. 이런 고생을 마다하지 않는 성의를 봐서라도 이제 얼굴을 보여줄 때가 되었건만 왜 이리 애를 태우는 걸까. 해마다 풍년들기는 어려울 테지. 수많은 갈치를 잡아먹고 나눈 죄에 대한 벌로 한참 빠져 헤어나지 못할 때 낚시를 못 하게 하라는 계시는 아닐까? 안 잡힐 때는 뭘 해야 하나? 별의별 생각이 다 떠오른다.

   내게는 상사어相思魚가 되어 버린 갈치, 올해는 부디 만날 수 있게 되기를 손꼽아 기다린다. 그나저나 그 많던 갈치가 다 어디로 갔을까?

우리 집 냉장고엔 복어가 있다

살포시 꿈나라로 들던 중이었다. 귀청을 울리는 구급차의 사이렌 소리에 잠을 깼다. 우리 동 주민 누군가 위급한 상황이 벌어져 병원으로 실려 가는 모양이다.

내가 사는 집은 지은 지 삼십 년을 훌쩍 넘긴 아파트다. 엘리베이터에서 만나는 이웃들은 머리가 검었을 때부터 보던 사람이다. 이제는 대부분 희끗희끗하거나 백발이 다 되었다. 아이를 태워 다니는 노란 차는 볼 수가 없다. 들락거리는 것은 경찰 순찰차나 구급차뿐이다. 눈이라도 내린 날이면 하얗게 덮인 눈이 다 녹을 때까지 주차장의 차는 움직일 줄 모른다. 어둠이 깔리면 인기척도 따라 끊긴다. 덩달아 내 마음마저 스산해진다.

어렸을 때였다. 실컷 뒤어놀았던 날 밤엔 종종 정체 모를 괴물에게 쫓겨 땅속 각다른 구석까지 내몰리다가 잠을 깨곤 했다. 어떤 날은 도망치다가 높은 곳에서 떨어져 소스라치게 놀라 깬 적도 있다. 살면서 까닭 모를 두려움으로 인해 가슴이 답답한 적도 많았다. 갯바위 낚시를 다니는 동안 실제 죽음과 맞닥뜨릴 뻔한 적도 있었다.

내 나이도 이제 적은 나이가 아니다. 지금은 나를 아는 친구 부모님은 백수를 넘긴 한 둔밖에 안 계신다. 예전에 그분들을 뵈러 갔던 곳은 대부분 요양병원 아니면 요양원이다. 옛날에는 중풍이나 치매로 거동이 불편해지면 집에서 가족들이 돌보았다. 요즘은 요양이란 이름이 붙은 집단시설에 맡겨진다. 좁은 병실이 곧 마지막을 기다리는 저승행 더기실이 된 셈이다.

그분들은 힘든 세월을 브내며 얻은 뚜렷한 흔적들이 있다. 얼굴 가득 핀 검버섯과 불투명한 망막으로 덮인 눈, 밭고랑과도 같은 주름살은 보는 내 마음마저 울적하게 만든다. 괜히 갔다 싶은 생각이 든 적도 있었다. 움직이지 못하고 정신이 맑지 않아도 어릴 적 우리를 기억하려고 애쓰는 모습이 안타깝다. 눈물이 고인 얼굴을 보면 마른 등나무 껍질 같은 손을 차마 놓지 못한다. 돌아서서 나오는 내 마음속으로 소소리바람이 휘몰아친다.

아버지는 처음엔 심근경색으로 쓰러지셨다. 얼마 안 가 뇌혈관까지 막혔다. 수술하고 돌아가시기까지 아홉 해란 긴 세월 동안 어머니에게 병원은 집이나 마찬가지였다. 그렇게 고생하신 어머니도 주일예배 중에 뇌경색이 왔다. 의사인 삼촌이 말렸지만, 자식으로서 어머니가 누워 계실지언정 곁에 있으면 좋겠다는 바람이 수술 동의서에 서명하게 했다. 그 결과 어머니는 오랜 시간을 생명 유지 장치에 의존할 수밖에 없었다. 미국으로 유학 간 사랑했던 손자가 돌아와 끌어안고 얼굴에 볼을 비벼도 눈 한 번 뜨지 못했다. 후회가 물밀듯 밀려왔다. 그렇게 살아 있는 것이 무슨 의미가 있을까. 말은 못 해도 얼마나 괴로우셨을까. 죄를 지은 것 같아 고개를 들 수가 없었다. 아버지의 경험과 삼촌의 충고를 받아들였어야 옳았다.

젊은 나이였을 때 생육신인 남효온의 자만시自挽詩를 읽은 적이 있다. 자신의 죽은 후를 가정해 묘사한 시다. 삶과 죽음에 대한 달관도 있지만, 죽음 후에 벌어지는 장례 풍경이 떠올라 지금까지도 쉽게 머릿속에서 지워지지 않는다. 나로선 죽은 후에 벌어질 내 육신의 일을 미리 걱정하고 싶은 마음은 없다. 다만 내 인생도 계절로 치면 이제 늦가을로 접어들었다. 죽음을 대비할 시기가 된 나이다.

죽음을 언제 어디서 어떻게 맞이할지는 모른다. 오늘도 어제처럼, 내일은 또 오늘처럼 지나가다 어느 날 갑자기 데려갈 건 분명하지 않겠는가. 내세울 만큼 잘한 일도 없이 남은 사람을 힘들게 하고 싶은 생각은 없다. 무엇보다 암으로 판정받아 시한부 인생이라도 되면 약이란 것은 끔찍한 한계가 있지 않을까. 점점 강도를 더해 가는 진통제에 의존하고 싶지는 않다. 그것이야말로 정말 무의미한 삶이라는 생각이 든다.

내가 몸담았던 사진동호회에 같이 나오던 중년 부부가 있었다. 어딜 가나 붙어다녀 부러움을 많이 받았다. 어느 날 부인이 잠을 잘못 잔 적도 없는데 등이 아프다는 얘기를 한 며칠 후였다. 폐암 말기로 살 날이 불과 넉 달도 남지 않았다는 소식을 전해 들었다. 병문안 간 우릴 보고 죽는 게 너무 무섭다며 울었다. 주변 정리는 커녕 슬퍼만 하다가 그 반도 못 살고 갔다. 전분세락轉糞世樂이라지만, 가고 싶지 않아도 가야 하는 곳이다. 홀가분하게 떠나고 싶다. 최소한의 인간적 존엄마저 포기해야 하는 경우를 내 아버지와 어머니를 통해 이미 보았기 때문이다.

친구의 낚싯바늘에 귀한 참복어가 물렸다. 바다낚시를 오래 다닌 경험으로 우린 복어도 곧잘 회를 떠먹었다. 대가리를 잘라 내장을 꺼내고 피가 잘 빠지도록 물에 담가 두었다. 친구는 목장갑에 피가 묻은 것을 모르고 습관대로 담배를 한 대 빼물었다. 아주 미미할 정도의 피가 그때 입술에 묻은 모양이다. 내 어깨를 툭 치며 말은 못 하고 입을 가리켰다. 빨간 루즈처럼 묻은 게 복어 피라는 걸 직감으로 알아차렸다. 병원으로 데리고 가기엔 너무 멀리 나왔다. 얼른 옆으로 눕히고는 새 면장갑으로 생수를 부어 가며 입 안을 훑어냈어도 마비는 풀리지 않았다. 동틀 무렵이 되어서야 어눌했지만, 다행히 말문이 열렸다.

다음 날 친구에게 물었다. '아프더냐'고. "치과에서 치료받을 때처럼 얼얼하게 마취된 것 같았지, 아프진 않더라"라는 얘기를 들었다. 그 말을 듣는 순간 번쩍 머릿속에 떠오른 게 있었다. 치매에 걸려도 제정신으로 돌아오는 시간이 있다면 쓰고 싶었다. 회복이 불가능한 암에 걸려 죽을 시한만 기다린다거나, 진통제로 연명할 경우가 되면 끓여 먹겠다는 결심을 했다.

여러 번 갈치 낚시를 하러 간 끝에 한 마리 잡았다. 우리 집 냉장고의 냉동실 구석에는 비닐로 싼 큼지막한 복어가 있다.

융프라우 기행

 작년 여름 휴가를 아들 내외와 맞춰 스위스의 융프라우 일대를 여행하기로 계획을 잡았다. 열 시간 이상의 비행 끝에 취리히 공항에 도착했다. 예약을 해 둔 호텔의 셔틀버스를 타고 가 여장을 풀었다.
 다음 날 새벽 성당의 종소리에 잠이 깬 아내와 손잡고 산책을 한 취리히는 정돈되고 잘 짜여진 전원풍의 도시였다. 5일간 머무르며 여행할 그린델발트로 직행하는 열차는 없어 일단 인터라켄으로 가는 열차를 탔다. 열차는 관광객들이 이용하기에 편리하도록 되어 있는 구조였고 2층이었다. 수도인 베른을 지나 인터라켄까지는 약 2시간 거리이다. 열차는 기다리는 관광객들이 지루하지 않을 만큼의 시간 간격으로 운행되고 정확했다.

도착한 인터라켄에서 열차 시간이 일러 중화요리로 늦은 점심을 먹고 그린델발트로 향했다. 지금까지와는 달리 차창 밖으로 보이는 풍경은 하나하나가 언제 어느 곳으로 카메라를 들이밀어도 작품 사진 배경이 될 정도로 아름다웠다.

예약해 둔 민박집은 그 유명한 아이거 북벽이 마주보이는 통나무집이었다. 가방들만 남겨두고 바로 아이들이 일정을 짜놓은 대로 융프라우요흐행 산악열차에 올랐다. 스위스는 우리나라 경상도 정도의 면적임에도 관광사업에 있어서는 가히 신의 축복을 받은 나라라고 해도 과언은 아닐 것이다. 천혜의 자연환경을 활용하고 4개 언어를 사용하면서 자연스레 형성된 다양한 문화가 스며든 곳이다.

관광대국으로 거듭나게 된 데는 철도의 왕이라 불렸던 아돌프 구에르 첼러란 사람의 선견지명이 있었다. 알프스에 터널을 뚫어 융프라우 정상까지 톱니바퀴식 철도를 건설해 관광자원으로 활용하겠다는 생각을 한 것이다. 의회도 의안을 통과시켜 지원해 주었고 국민들도 힘을 실어 주었다. 이를 기점으로 스위스는 기존에 놓여진 철도를 중심으로 잘 발달된 관광인프라를 구축했다. 철도를 중심으로 버스와 유람선 등 2만여 km에 달하는 각종 교통수단들을 여행 목적과 지역에 맞게 편리하게 이용할 수 있도록 시스템화하였다. 선로가 연결되지 않은 곳은 670여 개의 케이블카와 산악열차로 거미줄처럼 연결되어 있다.

　우리는 융프라우를 중심으로 여행하면서 교통수단을 모두 이용할 수 있는 프리티켓을 구입했다. 비싸기는 하나 가는 곳마다 표를 사는 것보단 나았다. 또 표를 끊기 위해 줄 서는 일은 없어 좋았다. 열차는 단 한 사람만 타도 제시간에 운행을 한다. 융프라우로 향하는 철도 옆으로 보이는 목장은 산이면서 초원이다. 군데군데 소들이 풀을 뜯다가 열차 소리가 들리자 풀 뜯는 걸 멈추고는 우릴 본다. 사람이 소를 구경하는지 소가 사람을 구경하는지 모르겠다.

　아이거 북벽을 뒤로하고 드디어 유럽 최고 고도인 해발 3,454m 철도역인 융프라우요흐에 도착했다. 얼음 동굴 안에 아기자기하게 볼 것을 참 많이도 만들어 놓았다. 얼음 궁전도 있고 동굴에 미로도 만들어 놓았다. 이 동굴은 1년에 15cm씩 움직인다고 한다. 독특한 이미지들과 빛과 음악이 연출하는 알파인 센세이션을 비롯해 구에르 첼러의 믿기지 않는 상상력, 철도 건설의 극한적 노력들을 기록으로 보여준다.

　지금 우리가 이렇게 즐길 수 있는 것도 이들의 노력과 희생 위에 세워진 것이라 할 수 있다. 스핑스 테라스 밖으로 나가니 평소 사진으로 보던 만년설의 전경이 눈앞에 펼쳐졌다. 장관이다. 8월에 처음 밟아 보는 눈이다. 우리나라 눈처럼 뽀드득거리지는 않는다. 산소가 부족한 곳이라 숨 쉬기가 조금 거북하다. 가지고 간 산소흡입기를 힘껏 들이마셨다.

전망대로 들어와 보니 많은 관광객들이 컵라면을 먹고 있다. 신기하게도 외국인들이 먹고 있는 것이 바로 우리나라 신라면이다. 반가운 마음에 우리도 주문을 넣었다. 억! 소리가 난다. 컵라면 값이 무려 8,000원이다. 젓가락 값은 따로 받는다. 그래도 융프라우에서 신라면 맛은 봐야 할 것 같아 식구 수대로 사 먹었다. 내려가는 열차의 출발시간이 되었다고 알려준다. 더 있고픈 아쉬움을 뒤로하고 열차에 올랐다.

다음 날은 바흐알프제 호수를 다녀오는 하이킹이다. 올라갈 때는 휘르스트까지 케이블카를 타고 간다. 휘르스트에서 호수까지 약 3km 남짓 알프스의 준봉들을 감상하며 걸어간다. 구름이 시야를 가리면서 길을 숨기고 지나간다. 다행히 호수에 도달할 무렵, 구름은 산 아래로 굽이쳐 내려간다. 호수에 알프스의 연봉들이 투명하게 비친다. 때를 잘 맞춰야 볼 수 있다고 하는데, 우리는 운이 좋았다.

다시 내려가는 길은 올 때는 못 본 풍경들이 모두를 감탄하게 만든다. 휘르스트에서 케이블카를 타지 않고 쉬렉펠트까지 플라이어를 탔다. 강철 케이블에 높이 매달려 바람을 가르며 날아 내렸다. 몸속에 아드레날린이 솟아나는 듯한 쾌감을 느꼈다.

여기서부터 그린델발트까지는 내리막길이 이어진다. 페달 없는 자전거를 타고 내려가기 좋은 곳이다. 굽이굽이 내려오며 목가적인 스위스 전통 목장 풍경들을 감상하며 내려왔다. 내일은 많이 걸어야 한다는 말을 들었다. 일찍 저녁을 해 먹고 잠자리에 들었다.

다음 날 쉬니케플라테로 향한다. 고풍스런 톱니바퀴 열차에 올라 약 1시간을 올라간다. 알프스의 준봉들인 아이거와 묀히, 융프라우를 옆에 끼고 걷는 하이킹 코스이다. 다람쥐과 동물인 마못이나 여우가 가끔 눈에 띈다. 걷는 길을 따라 수많은 이름 모를 야생화 꽃밭이 이어져 있다. 에델바이스는 2차 세계대전 시리즈물 영화 속에서 본 적이 있는 꽃이다. 소박하고 청초한 느낌이 들었다. 3시간을 걸었더니 고장난 무릎이 말썽을 부린다. 도중에 곤돌라를 타고 내려오고 말았다.

저녁은 아들과 며늘아기가 퐁듀가 먹고 싶었던 모양이다. 구운 고기를 뜨겁게 녹인 치즈에 담가 먹는데 내 식성에는 맞지 않는 것 같다. 비쌌다. 관광지란 걸 감안하고라도 물가 하나는 가히 살인적이라 할 만하다. 여행 기간 동안 아들 내외가 짜놓은 일정을 소화하기에는 우리 부부의 나이가 결코 적지 않음을 느꼈다.

다음 날 일정은 트뤼멜바흐 폭포다. 산속 동굴 안으로 굽이쳐 흐르며 바위를 깎아내릴 정도로 웅장한 소리를 내며 쏟아져 내린다. 폭포 소리에 말을 걸어도 들리지가 않을 정도다. 비가 오니 8월인데도 날씨가 춥다. 따뜻하게 쉬어 갈 요량으로 폭포 입구의 레스토랑엘 들어갔다. 차와 케익을 주문해 요기를 했다. 난감하다. 계산을 하려니 카드가 안 된다고 한다. 오로지 현금, 그것도 스위스 프랑이나 미화 달러만 통용이 된다는 것이다. 지갑 깊숙이 미국 여행할 때 아내 몰래 비상금으로 숨겨 놓았던 100달러 지폐로 해결을 보았다.

오후엔 뮤렌 마을을 돌아보았다. 높은 산중에 있는 마을이었다. 날씨가 좋지 않아 다 돌아보지 못하고 지인들에게 줄 기념품만 조금 사서 내려왔다.

마지막 날은 금방 다가온다. 인터라켄으로 왔다. 아이들이 하더쿨룸은 보고 가야 한다고 해 힘들었지만 내색을 못 하고 느릿느릿 걸었다. 열차는 아니다. 휘니쿨러라고 한다는데, 철로는 있지만 동력으로 올라가는 것이 아니다. 강철 로프가 당기는 힘으로 거의 수직에 가까울 만큼 해발 1,322m 깎아지른 산을 올라간다. 대단하다. 하더쿨룸은 꼭대기에 전통 레스토랑과 유리다리 전망대가 있는 곳이다. 산아래 비취 빛깔의 강과 역시 알프스의 준봉들이 쭉 늘어선 모습을 볼 수가 있다.

이제 돌아가기 위해 취리히로 향한다. 스위스가 비록 천혜의 자연을 가지고 있다지만, 구에르 첼러와 같이 연구 개발하는 사람이 없고 이를 전폭적으로 지원해 준 정부가 없었다면 과연 이만큼 이룰 수 있었을까 하는 생각을 해 본다. 개발할 산지만 해도 스위스보다는 우리나라가 훨씬 넓다. 스위스처럼 웅장하지는 않지만, 나름 아기자기한 맛이 있다.

제대로 연구하여 개발한다면 우리도 우리만의 특색을 갖춘 관광대국이 될 수 있지 않을까.

정情

이른 봄에는 바람이 잦다고 들었다. 오늘따라 그 소리가 심상치 않다. 갈치 낚시가 예정된 날이라 여간 신경이 쓰이지 않는다. 이런 날은 배 앞자리인 선수에서 낚시할 경우 바람을 타고 넘어오는 물벼락을 오롯이 감당해 내야 한다. "바람을 보니 선수에서 고생 좀 하겠다"라며 선장이 먼저 말을 꺼낸다. 오늘 내가 설 자리가 바로 거기다.

아니나 다를까. 배가 항구를 벗어나니 멀리서부터 백파*가 이는 것이 보인다. 외해로 접어들자 배는 파도를 타지 못하고 도리어 그 사나운 허옇게 곤두선 물결을 맞으며 힘겹게 나아간다. 안 하던 멀미가 난다. 선실에 누워 있어도 파도의 충격이 그대로 전해 온다. 내 의지와는 상관없이 몸은 이쪽으로 기울었다가 다시 저쪽으로 기울기를 반복한다. 낚시 오기 전날은 매번 설렘 때문에 잠을 설친다. 도착하는 시간까지라도 눈을 붙이고 싶었지만 날씨마저 따라주지 않는다. 평소보다 한 시간이 더 걸렸다.

낚싯대 가이드마다 줄을 꿰고 채비를 하는 중에도 서너 번은 넘어지고 뒹굴었다. 괜히 나이 탓을 해 본다. 배 난간에 궁둥이를 바짝 붙이고 두 다리에 힘을 주며 억지로 버텼다. 어두워지려면 아직 한참 남았는데도 벌써부터 입질이 들어온다. 몇 번의 챔질 끝에 올려 보니 괜찮은 씨 알이 세 마리다. 바람과 파도의 훼방에 고생은 되겠지만 느낌이 좋다.

뱃전을 넘어와 부서지는 물방울이 집어등 불빛을 받아 별처럼 반짝인다. 눈이 부셨다. 아홉 시가 되니 집어가 된 모양이다. 채비가 내려가기 바쁘게 입질이 온다. 이럴 때는 손이 재빨라야 한다. 올려놓고 다시 미끼를 꿰어 내려 보내는 시간이 짧을수록 수확이 많아진다. 미끼를 썰 시간도 없이 바쁘다. 한 번 내려갈 때마다 적게는 세 마리부터 많게는 여덟 마리까지 올라온다. 아이스박스에 차곡차곡 쌓이는 갈치를 보니 고생이 즐거워진다.

이렇게나 바쁘게 갈치들이 올라올 때는 다른 것에 신경 쓸 겨를이 없다. 멀미는 벌써 사라져 버렸다. 몸은 그저 기계적으로 움직이고 정신은 무아지경이 된다. 사무장이 숨 좀 돌리라며 따뜻한 커피를 건넨다. 받아드는데 또 입질이 이어진다. 한참 잡아내다가 돌아보니 벌써 커피는 온기를 잃었다.

자정을 넘길 쯤에 아이스박스가 다 채워졌다. 바닷물을 퍼올려 갈치가 잠길 만큼 부었다. 바닷물이 밑에 깔린 얼음을 녹이며 갈치를 빙장해 준다. 새벽까지 심심하지 않을 만큼 입질이 이어지다 조금 뜸해진다. 이제 잡을 만큼 잡았다. 그제야 피곤이 몰려오고 허리가 아프다. 장비를 전부 챙기고 선실로 들어가 눕는데 "아이고!" 소리가 저절로 난다. 바람 덕에 건조해진 눈을 깜빡이며 인공눈물을 넣고 잠을 청한다. 밤새 바람에 날려 온 바닷물에 젖어 축축해진 옷 탓에 잠이 올 리도 없다.

항구에 도착해 장비를 차로 옮겨 실었다. 몸이 천근만근 같다. 고기를 나 혼자 다 먹을 것도 아닌데 열심히 잡는 것을 보면 참 희한한 일이다. '내가 왜 이 고생을 하고 있지?'라는 생각을 가져 본 적은 없다. 내가 좋아서 하는 일이다. 작은 갈치나마 고맙다며 맛있게 먹어주는 분들이 고마워서 한다. 그 환한 얼굴을 생각하면 피곤마저도 잊어버린다.

나이를 먹어 갈수록 아내와 대화하는 시간이 줄어들었다. 벌써 강산이 네 바퀴도 더 변해가는 중이다. 그동안 온갖 세상살이를 다 해 가며 살았으니 무슨 할 얘기들이 아직도 남아 있으랴. 집에 같이 있는 시간도 입에 곰팡이가 펴도 피었을 게다. 아내와 대화

시간은 줄어들었지만 정겨운 이웃사촌이 많이 생겼다. 무엇보다 내가 느끼는 행복감이 더 크다. 그러니 바다로 향하는 발걸음이 자연 가벼울 수밖에 없다.

 내가 가진 취미로 이웃들과 함께하며 정을 쌓아 가는 것도 좋은 일 아니겠는가. 다가올 겨울바람도 따뜻한 정 앞에는 시샘을 내려놓을 것이라 믿는다. 바람이 훈훈하다.

*흰 거품이 이는 물결

발문

의미에다 재미의 옷을 입힌
예술적 미감의 당의정糖衣錠
— 남인수 수필집 『똥 꿈 꾸기』에 부쳐

곽 홍 렬
(수필가)

　'남인수라 남인수?' 예전부터 너무도 많이 들어서 익히 알고 있는 이름이 아닌가. 백 년 만에 한 번 날까 말까 하다는 미성美聲의 소유자, 이 땅이 낳은 불세출의 가수, 그에게는 이런 수식어가 붙어다닌다. 그가 바로 남인수다.
　남인수라는 이름에 가수만 있는 것이 아니다. 수필가이자 화가인 남인수도 있다. 그가 어찌하여 '남인수'라는, 가수 남인수와 같은 이름을 갖게 되었는지 그 숨은 사연을 들어 보면 무척이나 흥미로워진다.
　이 이야기를 하다 보니 떠오르는 또 하나의 이름이 있다. 소설가 나도향이다. 1920년대 한국 문단에서 뚜렷한 발자취를 남긴 나도향, 그의 본명은 나경손羅慶孫이었다. 한방 의원을 경영했던 그의 할아버지가 지어준 이름이다. 글자 그대로 풀이를 하면 '나주 나씨 집안의 경사스러운 손자'라는 뜻을 지녔다. 그만큼 나도향은 집안에서 귀하디귀하게 얻은 손자였다.

지금도 물론 그러하겠지만 그때도 의원을 한다면 큰 부자로 떵떵거리던 시절이었다. 거다가 아버지 역시 의사였으니 대대로 부가 대물림되었다. 집안에서는 의사를 만들어 3대 의사 가문의 대를 잇고 싶었던가 보다. 할아버지는 손자에게도 의사의 길을 가도록 도향을 경성의학전문학교에 입학시킨다. 하지만 애초부터 의학에 뜻이 없었던 도향은 다니던 의전을 중퇴하고 일본으로 건너가 문학에 전념하게 되었고, 나중에 그 사실을 안 조부가 크게 실망한 나머지 생활비를 끊어 버리자 울며 겨자 먹기로 귀국할 수밖에 없었다. 그러나 문학에 대한 열정만은 더욱 불같이 타올라 「뽕」, 「벙어리 삼룡이」, 「물레방아」 같은, 우리 문단사에 길이 빛날 작품들을 남기고 스물다섯 꽃다운 나이에 요절하고 만다. 훗날 천재 작가로 평가받은 이상이 스물일곱 살 푸른 청춘에 세상을 떠나자 우리 문단에서는 그의 죽음을 두고 "이상이 있었기에 이 땅의 문학사가 50년 앞당겨졌고, 이상이 요절함으로써 이 땅의 문학사가 50년 뒤처졌다"며 그의 죽음을 애석해했다지만, 나도향의 요절 또한 그에 못잖게 안타까운 일이 아닐 수 없다. 필자가 여기서 나도향에 얽힌 일화를 꺼낸 이유는 수필가이자 화가인 남인수 역시 그와 일맥상통하는 인생살이의 궤적을 그려 왔기 때문이다.

지금으로부터 반세기 전, 남인수는 얼마나 대중들의 큰 사랑을 받으며 당대의 가요계를 주름잡은 명가수였던가. 수필가 남인수의 할아버지는 그런 남인수를 너무도 좋아한 나머지 손자 이름을 한자까지 똑같은 '남인수南仁樹'로 짓는다. 물론 남인수 노래를 끔찍이 사랑해서이기도 하였거니와, 남인수처럼 이름난 인물이 되기를 바라는 염원이 담겨서일 터이다.

하지만 그는 할아버지의 그 같은 기대를 저버리고 그림 그리고 글 쓰는 일에 빠져 지낸다. 당시만 해도 그림 그리는 사람은 환쟁이라며 괄시받았고, 창작하는 이도 굶어 죽기 딱 좋아 글쟁이라며 깎아내려지던 때가 아닌가. 할아버지의 호된 질책이 따라왔음은 묻지 않아도 그림이다. 그는 마지 못해 청춘의 꿈을 접었고, 마음에 없는 법률 공부를 하게 된다. 그러나 잠재워져 있던 두 길에 대한 목마름은 끝내 채워지지 않았다.

할아버지도 그러셨을 것이다. 그렇게 귀하디귀한 종손이 그림을 업으로 삼아 춥고 배고플까 봐 염려하셨으리라. 내 장래가 걱정되어 말리신 걸 철없던 그때는 몰랐다. 물론 그 길로 나갔다면 이름 날리는 화가가 되었을 수도 있고, 아직도 무명의 시간을 보내며 힘겹게 살고 있을지도 모르겠다. (「옹이」 중에서)

자식을 모두 출가시킨 뒤 일상의 쳇바퀴에서 놓여나자 환갑을 지난 나이에 마침내 오랜 세월 잠재워져 있던 끼를 발산하기 시작한다. 본격적으로 글을 쓰고 그림을 그리면서 날이 가고 달이 흐를수록 깊어진 숙원이던 수필가와 화가로서의 꿈을 성취하게 된 것이다. 작가와 화가의 길을 걷고 싶은 불타는 열망이 있었기에 그의 글쓰기며 그림 그리기는 일취월장이었다. 그리하여 불과 사 년 남짓 만에 평생의 꿈이던 두 가지 소망을 이루어내는 저력을 보인다.

글과 그림은 서로 상생 효과를 발휘한다. 그림을 그리면서 글쓰기에서의 영감을 받기도 하고, 글을 쓰면서 그림의 모티프를 얻게도 되기 때문이다. 이런 수필집 발간과 때를 맞추어 그림 전시회를 열게 된 것 역시 이런 상호작용의 결과로 빚어진 산물임에 틀림없다.

수필은 자신의 체험을 바탕으로 그것을 재해석하고 의미를 불어넣어 삶의 가치를 찾아내는 문학이다. 따라서 수필가에게 있어 경험은 무엇과도 바꿀 수 없는 소중한 재산이 된다.

필자는 남인수만큼 다양한 인생 체험을 한 수필가를 여태껏 보지 못했다. 그의 돈키호테적 일상은 삶의 무한한 에너지를 내뿜으면서 온갖 경험을 하게 만드는 원동력으로 작용한다. 그러다 보니 그의 작품에서는 수필가들이 일쑤 범하기 쉬운 자기 표절에서부터 비교적 자유롭다. 그의 작품들을 읽고 있노라면 별의별 체험들이 담겨 있음을 깨닫게 된다. 어쩌면 그렇게나 다양한 체험을 할 수 있었을까 싶을 정도로 혀가 내둘리기도 한다. 수필은 그 무엇보다 체험을 소재로 형상화하는 문학이기에, 이것이야말로 그의 수필이 가지는 큰 장점이 아닐 수 없다. 그는 좌충우돌하면서 살아온 자기 체험을 꾸밈없이 진솔하게 표현함으로써 작가로서의 진정성을 얻고 있다. 표제작인 「똥 꿈 꾸기」를 비롯하여 「이름 바꾸기」, 「옹이」, 「아물지 않는 상처」, 「아픈 손가락」, 「그 여자 죽이기」, 「지금 그거 해서 뭐할 건데」, 「하고재비」 같은 수필이 그의 남다른 체험이 녹아 있는 대표적인 작품들이다.

남인수는 이러한 체험들에서 생의 의미를 발견하고 다양한 창작 기법으로 작품화한다. 때로는 해학적으로, 때로는 풍자적으로, 때로는 시니컬하게, 때로는 자기 성찰로, 또 때로는 사랑의 언어로 담아낸다. 게다가 은근슬쩍 눙치는 표현은 압권이다. 이런 다양한 주제 형상화 기법들은 결국 재미의 옷을 입히는 작업으로 수렴되어 나타나고 있다.

해학을 통해 주제 의식을 맛깔스럽게 살려 낸 작품은 「이름 바꾸기」와 「지금 그거 해서 뭐할 건데」 등이며, 세상살이에 대한 풍자를 담은 작품으로는 「아픈 손가락」과 「아물지 않는 상처」 등을 들 수 있겠다. 그런가 하면 「그 여자 죽이기」는 세태인정을 시니컬하게 형상화하였고, 「응이」는 어린 날의 부끄러운 행실에 대한 자기 성찰을, 옹이를 객관적 상관물로 가져와서 그리고 있으며, 표제작인 「똥 꿈 꾸기」는 아내를 향한 진한 사랑의 감정을 잘 드러내고 있는 수필이다.

한편 「하고재비」는 그가 이제껏 돈키호테처럼 살면서 겪은 갖가지 체험담을 풀쳐 낸 수필로, 그의 세상살이의 이력을 한 눈에 들여다볼 수 있는 대표적인 작품이라고 하겠다.

왜 이렇게 하고 싶은 게 많을까. 호기심이었을 수도 있고 그림 그리는 걸 막은 할아버지를 향한 반항심은 아니었을까. 어쩌면 채울 수 없는 자기 위안일지도 모르겠다. <중략>

아직도 세상에는 하고 싶은 것이 널렸다. 칠십을 눈앞에 두고서도 멈출 기미가 없는 나는 뭐든 하고 싶어 좀이 쑤시는 사람이다. 아귀처럼 입 벌리고 먹을 게 들어오길 기다리는 신세가 될지라도 끝까지 하고재비이고 싶다.

작가 남인수는 요즈음 세상에 보기 드물 정도로 의협심이 강한 사람이다. 불의한 일을 보면 참지 못하고 불쌍한 사람을 만나면 발 벗고 나선다. 이는 타고난 천품일 수도 있고, 법을 공부하다 보니 후천적으로 형성된 성정일지도 모르겠다. 그의 이런 삶의 자세는 여러 작품의 군데군데서 나타난다.

「천성」은 남인수의 이 같은 성정이 가장 잘 묻어나 있는 작품이다. 그는 지인의 청이면 그것이 어떤 것이든 매몰차게 거절하지 못하는 따뜻한 마음을 지녔다. 그러다 보니 주변에 사람이 끓게 마련이다. 이 수필에서는 그 때문에 시달림을 당한, 지난날의 가슴을 후벼파게 했던 기억을 더듬으면서 사람살이의 의미를 헤아려 보고 있다.

    서른두 해 전이었다. 빌려 간 수억 원의 수표를 부도낸 후 막냇삼촌이 연락을 끊었다. 내 발로 찾아간 경찰서 유치장에서 뜬눈으로 이틀을 보냈다. 평생 그렇게 깊고 많은 생각을 한 적이 없었다. 사람을 좋아하고 어려운 친구들은 어떻게든 챙기며 살아온 여태까지의 신념이 무너져 내리는 걸 느꼈다. 세상에 대한 불신과 원망으로 삶의 의욕마저 꺾으려던 차에 친동생 같은 대학 후배가 찾아왔다. 수표를 모두 회수할 정도의 금액이 든 통장과 도장을 건네면서 여유 있는 돈이라며 천천히 갚아도 된다는 얘기만 하고 갔다. 진심으로 후배 보기가 부끄러웠다. 그 바람에 마음을 고쳐먹은 계기가 되었다.
    그 돈을 다 갚을 때까지 옆도 돌아보지 않고 살았다. 물론 어머니의 도움도 컸다. 빚을 다 갚은 날, 홀가분한 마음으로 퇴근하니 어머니가 와 계셨다. 아내로부터 무슨 얘길 들으셨는지 즈곤조곤 당부하고 가셨다.

"넌 사람을 너무 좋아해서 탈이다. 사람과 사람 사이에도 여백餘白이 있어야 하는 법이다. 제발 뭐든 적당히 하고 네 가족이 제일 우선이라는 생각으로 살아라."

세상에는 좋은 사람도 많지만 나쁜 사람도 적지 않다. 그는 사람이 좋다 보니 그로 인해 자주 어려운 일을 겪는다. 하지만 동시에 우렁각시처럼 귀인이 나타나 그 일을 해결해 주기도 한다. '뜨겁지는 못해도 따뜻한 사람은 되고 싶었다'고 고백하면서 "사람의 성품은 하늘이 정해주는 것이 아닐까. 이미 세상에 올 때부터 정해져 있는 성향이 자라온 환경과 섞이면서 어찌할 수 없는 자기만의 모습으로 굳어진 것이 천성이라는 생각이 들었다. 나 같은 사람은 태어날 때부터 사람을 좋아하게 타고난 것 같다. 주위의 청을 거절 못 하는 것도 있지만 근본은 사람을 잃고 싶지 않은 마음 때문이라고 위로를 삼곤 한다."(「천성」의 결미부)라고 한 표현에서 그의 타고난 성정을 확연히 읽어 내게 된다.

이 밖에도 남인수의 사람 좋은 성정을 알 수 있는 작품들로는 「아픈 손가락」, 「인생의 셈」, 「눈물 값」, 「웃고 살아도 될까」 등을 꼽을 수 있겠다.

「아픈 손가락」에는 주도酒道가 나쁜 동생이 한창 푸른 나이에 세상을 등지자 그것이 마음에 걸려 조카들을 데려와서 키워 낸 이야기가 펼쳐져 있고,

조카들이 생겼어도 동생은 그 버릇을 고치지 않았다. 납품하고 받은 돈은 주머니째 술집에 탈탈 털어주고 오기 바빴다. 집 한 칸 장만하지 못하고 이승을 뜬 지 벌써 강산이 두 번이나 옷을 갈아입었다. 내가 아들과 딸 다 미국으로 유학 보내 놓고 부쩍 외로움을 타던 때였다. 아내와 의논해 제수씨와 조카 둘을 우리 집으로 불러들였다. 가족이 다섯 명으로 불어나자 시끌시끌하고 사람 사는 맛이 났다. 퇴근하면 조카딸과 앞산을 걷는 것도 큰 즐거움이었다. 두 해를 그렇게 살다가 살림을 내보냈다.

「인생의 셈」은 사람살이에서 신체나 물질로 짓는 죄 그리고 마음으로 짓는 죄에 대해 생각해 보면서, 어떻게 사는 것이 떳떳하고 의미로운 삶일까에 대한 고뇌가 담겨 있으며,

지금까지도 잊히지 않고 트라우마로 남아 불쑥불쑥 날 괴롭히는 사건도 있다. 사무실 직원의 아버지가 정치판에 발을 들였다. 명예직이었던 군의원에 당선되어 의원님이라 불리며 대접받고 산 게 좋았던 모양이다. 두 번째 도전에서는 그만 고배를 마셨다. 나이도 있고 이젠

그만했으면 좋았을 것이다. 세 번째도 낙선하고, 네 번째는 재산을 처분하고도 자금이 모자랐다. 정치판도 마약 같아서 하나밖에 없는 아들의 전세 보증금까지 끌어넣고도 낙선하고 말았다. 당장 쫓겨날 지경이 된 직원이 집을 구할 돈을 빌려 달라는 부탁을 해왔다. 하필, 나도 막냇삼촌에게 수억이나 되는 돈을 빌려줬다가 받지 못해 곤란을 겪고 있던 중이라서 도와주지 못했다.

 며칠이 지났을까. 출근도 하지 않고 삐삐를 쳐도 연락이 없어 사는 곳으로 찾아갔다. 한적한 동네였다. 한 무리의 사람들과 경찰관이 보여 쫓아갔더니 목을 맸다고 한다. 주인이 목을 매단 전봇대 밑에서 따라 나간 강아지가 하도 구슬피 울어대는 바람에 발견했다는 것이다. 빌려서라도 도와주지 못한 죄책감에 마음이 아려 긴 세월 동안 괴로웠다.

「눈물 값」에서는 운영하는 사무실에 잠깐 실수로 큰 손실을 입히게 된 여직원의 눈물을 따뜻한 가슴으로 보듬어 안은 사연을 작품화하였다.

"에라, 모르겠다. 손해 본 든은 네 눈물 값으르 받은 섬 칠 테니 걱정하지 마라." 한마디 툭 던지고 내 자리에 앉았다. 그녀만 원망할 일이 아니었다. 믿고 한 번 더 확인하지 않은 내게도 잘못이 있었다.

그런가 하면 「웃고 살아도 될까」는 느닷없이 법률사무실에 찾아온 아이들로 인해 잊고 있던 지난날의 어려웠던 기억을 떠올리면서 부모에게 못다 한 효에 대한 뉘우침을 그려내었다.

소 뒷걸음치다 쥐 잡는 격으로 어쩌다 호구지책糊口之策은 마련하게 되었다. 어머니가 가장 좋아하셨다. 사무실을 열자 한시름 놓은 것도 잠시였다. 친구 좋아하고 어렵다는 사람만 보면 그냥 있질 못해 돈이 들어오기 바쁘게 나갔다. 어떨 땐 어머니의 통장 잔고까지 거덜낸 적도 있었다.
그래도 싫은 내색 한 번 않으셨다. 자식을 사랑하고 믿는 마음은 아마도 끝이란 낱말이 없는 게 아닐까 싶다. <중략>
부모의 사랑을 알 때쯤 부모님이 내 곁을 떠난다는 이치를 나는 왜 돌아가시고 나서야 깨닫게 되었을까. 부모는 먹지 않고 자식에게 주고 자식은 먹고 남아야 부모에게 준다는 말이 왜 이제야 바늘이 되어 가슴을 찔러 올까. 까마귀도 반포지효反哺之孝라는데, 한낱 날짐승만큼도 못하게 살았던 내가 언뜻언뜻 나에게 묻는다. 이렇게 웃고 살아도 될까.

남인수 작가의 두 번째 수필집 『똥 꿈 꾸기』를 두고서 필자는 "의미에다 재미의 옷을 입힌 예술적 미감의 당의정糖衣錠"이라는 표제를 붙여 나름대로 진단을 내려 보았다. 전체 작품 38편을 두 번 세 번 정독하고 내린 결론은, 스스로 생각해도 참 맞춤한 표제이겠거니 싶다.

  새 수필집을 세상에 선보이는 남인수 작가에게 힘찬 박수로 축하를 보내며, 더욱 훌륭한 수필가로 성장해 나갈 수 있기를 소망한다.

남인수 수필집

땡 꿈 꾸기

ⓒ 남인수, 2024

초판 1쇄 발행 2024년 12월 13일

지은이   남인수
펴낸이   이은재
편 집   권정근
디자인   이태호

펴낸곳   도서출판 그루
출판등록 1983. 3. 26(제1-61호)
주소   42452 대구광역시 남구 큰골 3길 30
전화   053-253-7872
팩스   053-257-7884
전자우편 guroo@guroo.co.kr

ISBN 978-89-8069-516-4
*이 책은 저작권법에 의해 보호받는 저작물이므로 무단 전재와 무단 복제를 금하며 이 책 내용의 전부 또는 일부를 이용하시려면 반드시 저작권자와 도서출판 그루에 서면 동의를 받아야 합니다.
*잘못된 책은 구입하신 곳에서 바꿔 드립니다.
*책값은 뒤표지에 있습니다.